花哥说系列 一

战略花店

30家明星花店的成功商业案例

花哥 主编

中国林业出版社
China Forestry Publishing House

图书在版编目（CIP）数据

花店战略：30家明星花店的成功商业案例/花哥主编. -- 北京：中国林业出版社，2019.6（2019.11重印）
ISBN 978-7-5219-0125-2

Ⅰ.①花… Ⅱ.①花… Ⅲ.①花卉—专业商店—商业经营—案例 Ⅳ.①F717.5

中国版本图书馆CIP数据核字(2019)第122239号

责任编辑：	印 芳 邹 爱
出版发行：	中国林业出版社
	（100009 北京市西城区刘海胡同7号）
电　话：	010-83143565
印　刷：	固安县京平诚乾印刷有限公司
版　次：	2019年7月第1版
印　次：	2019年11月第2次印刷
开　本：	710mm×1000mm 1/16
印　张：	10
字　数：	300千字
定　价：	58.00元

做个幸福的卖花人

林清玄先生曾说过，卖花是一个有大功德的行业，对于这句话，我深信不疑，这也是我为什么要放弃高薪又体面的媒体工作而做了一个卖花郎。进入花店行业6年，花夫人说："你赚的钱远不如在以前赚的多了。"但是对我自身而言，最快乐的莫过于因为这份职业，我走遍了祖国的大江山川，在祖国的每一个城市，几乎都有我的学员花店。我经常开玩笑的说："等我50岁以后，我就放下工作，周游全国。"现在想一想这都是一件多么惬意的事情。

开一个美丽的花店，坐拥鲜花，约上闺蜜在花丛中，来份甜品，约约下午茶，这是很多女人梦寐以求的生活，所以那么多人不顾一切的成为了花店老板。但是很多人在成为花店老板之后才发现，开花店所拥有的生活和她们的梦想差别很大，从成为花店老板的那一刻起，自己仿佛成了一台赚钱的机器。不分昼夜，周而复始，没了假期，没了和闺蜜约下午茶的时间，只剩下一双耙犁一般的手，于是很多人暗暗叫苦，后悔进入了这个行业，想扔不舍得，想做又很辛苦，如何取舍，成为很多花店老板娘难以抉择的问题。

开花店真的是一件很辛苦的事情吗？我看未必，这几年新开的花店越来越多，我发现一个现象，那就是新开的花店，起点普遍很高，他们的创始人多半是90后，或者是跨界，或者是设计、美术出身，所以他们的店一开起来就非常的漂亮，一开始就甩出了传统花店几条街的距离，他们很辛苦吗？也许会，但是他们远比那些传统花店轻松得多，他们的利润高吗？高，因为他们懂得选择，懂得知道自己可以接什么样的活，懂得什么样的单子可以直接拒接。

　　这个世界永远不变的东西就是它一直在变，人们常说没有干倒的行业，只有干倒的企业。记得花艺界泰斗蔡仲娟老师说过，除了盛唐，现在的中国，是花艺最繁荣的时代，我们真的出生在一个好的时代，那些用巨资为我们铺就了一条大路的电商们，他们在很大程度上帮我们教会了更多从来不买花的消费者养花，而实体店又可以根据自己的实际优势，将这些客户很好的服务起来，所以说只要你跟上时代发展的变化，只要你知道这个时代在流行着什么，只要你清楚的知道你客户需求的是什么呢？满足客户的需求，你的生意不会差，这本书是"花哥说"的一个系列，我们计划在全国收集100多家做得相对来说成功的花店，这些店，有十几二十几年的老店，有刚开业不久的新店；有两三百平方米的大店，也有十几平方米的小店；有70后的老前辈，还有90后的年轻人，但是他们的共同特点是在经营的过程中，都有自己独到的见解。

　　对于很多花店来说，走出自己的城市，去更多的地方学习，是一件成本很高的事情，所以花哥希望大家能够在这本书中找到适合自己的推广促销活动，尝试着去把自己的店铺往一个更好的方向去经营，提升一下自己店铺的竞争力。那么，社群团购再发展，电商再便宜，你依然会拥有属于自己的竞争力，在这个激烈的竞争中你就不会输。

　　从去年到今年，花哥在全国讲课的时候，都会说到3个字：爱自己。尤其是那些为了梦想，而成为一个花店老板、老板娘的人，在今天更要懂得：爱自己，做一个幸福的老板，拥有一个美丽的花店，这个可以有。

2019.6.1

目录

花店，还可以这么玩	//008
免费沙龙，最好的引流方式	//018
编织沙龙	//022
跨界合作，共赢办沙龙	//026
花店不一定非得有店面	//030
做好计划和安排，再大的节日也不怕	//034
变"废"为宝的干燥花	//040
婚纱礼服发布会，人体花艺来添彩	//044
互动、互动，要和顾客多互动	//048
忙而不乱过大节	//052
七夕情人节：花艺结合花酿餐厅联合营销	//056
做一家温暖的花店	//060
商业区实体花店的经营模式	//064
留住员工，提高粉丝黏性	//070
圣诞活动趴	//074
园艺+花艺，未来的趋势	//078
淡季的仪式感	//082
鲜花与色彩	//086
你坚持，我买单	//094
鲜花使者的影响力	//098
鲜花沙龙活动	//102
玩转线上	//108
通过沙龙课，贩卖美好的生活方式	//112
我的故事，你的花	//118
周年庆里隐藏的商机	//122
维系老朋友，结识新朋友	//126
游学中的营销秘密	//130
商场里的花店也不难开	//140
这一家花店，不止贩卖美丽	//146
茶+花	//154

 ·····

一起走进花哥说花店讲坛
YIQI ZOUJIN HUAGE SHUO HUADIAN JIANGTAN ≫

花店，还可以这么玩

花哥说过花店运营，老板要品牌化，老板的思维决定了这个店的发展方向。第一次看到媛媛的时候，感觉我的面前是一个女神，如果她不是一个花店老板，她也一定有一个非常精致的店。我认为她卖什么都可以卖成品牌，也许是因为媒体出身，媛媛的思维方式很超前，格局也很高，她能够从艺术和媒体的角度去做产品的设计和品牌的推广，我喜欢和她聊天，因为她懂得很多。读万卷书，行万里路，经历成长，对于花店老板来说非常的重要，有空去昆明，花哥带你去媛媛的店看一看。

时时刻刻花店的作品

可能是由于媒体人出身，在花店运营过程中，一个个亮眼的营销策划帮助我们快速地打开市场，获得初期客户积累。

绣球秀

花店开业的时候恰逢绣球花盛花期的8月底，我们就用300只绣球在屋内外打造了一个适合拍照的绣球花布景。

就算是在鲜花随处可见的昆明，同样引起了刷屏。

活动期间，许多姑娘专程到店里拍照，并且发布朋友圈及其他社交平台宣传。活动引起的自传播效应，极大的发挥了互联网优势。

MINI联合举办的品牌59周年庆

格式工厂稀奇

品牌合作

另外，我们还会和本地一些优秀品牌合作，推出联合活动或展览。

和MINI联合举办的品牌59周年庆及新一季上市发布会，我们在湖边草地上举办了一场有趣的复古聚会，布置了一个穿越回1959年的英式下午茶场景，吸引了一众客人前来"打卡"拍照。

稀奇艺术展来昆明，我们在大悦城中庭做了一组艺术感很强的空间展陈。

最后一场落叶

11月末,正值昆明的深秋,我们从植物园拉来满满一后备箱的落叶,铺在整个花房门前。

并用落叶为主题做了一组花艺陈列作品。

因为昆明人本身对于植物园的枫叶有着天然的亲近感,一整个秋天,每个周末植物园的"枫叶大道"上都聚满了带着家人朋友前来观赏秋景的昆明人,此举让我们花店再次成为昆明的"网红"。

同时,我们还举办了"最后一场落叶"的主题花艺沙龙,充满生活的仪式感。

花房野餐

3月春暖花开,正是"吃花"的好时节,云南的菜市场里有许多可食用花卉,时时刻刻就把它们搬上花房的餐桌,在花店做了一场"花房野餐"主题活动。

到了蓝花楹盛开的5月,又带着大家找到了全城最适合和花海合影的拍照地。

说起这些小点子,都是时时刻刻主理人王黎媛带着团队的小伙伴们一起讨论得出的方案。

有丰富媒体工作经验的王黎媛,脑子里总是会冒出各种各样的想法。

开往新年的流动花房

2017年的最后一天,我们又做了一场"开往新年的流动花房"快闪活动,用鲜花布置了一辆复古花车,来到昆明相对人流量聚集的商业街区,同样引起围观拍照。

整场活动,除了形式上本身吸引眼球,让受众乐于参加的关键点还在于活动的UGC文案生产方式,配合的广告牌上每一句都是当下流行的热点,又是大家的心声,受众自然乐于分享传播。

每一次,"The Hours时时刻刻"都会运用事件营销,将品牌活动做成本地热议话题,花房里每月一次的主题活动已经成为受众期盼的事情。

节日剪影

对于花店最重要的节假日，时时刻刻也坚持做有意义的活动。

情人节——昆明模范夫妻征集活动

联动同城媒体，发布征集活动，不仅仅将目光对准年轻群体，而是希望向父辈及长辈中探寻更深沉的爱。

520——明年的今天你还爱我吗？

这是一场横跨了两年的活动，灵感来源于陈升的演唱会。

2017年的520发出征集，参加活动的情侣，如果一年以后的今天还在一起，时时刻刻将会送出花礼一份。

母亲节——她年轻的时候有多美，你知道吗？

线上征集妈妈年轻时候的照片，在母亲节当天，邀请母女在花房拍一组美美的合照，并且录制了视频采访，据说视频看哭了好多人。

父亲节——新手爸爸，这次换我给你写情书

而到了父亲节，又转而将视角面对初为人父的新手爸爸，记录他们初为人父这个特殊阶段的变化，感情真挚。

万圣节——我们策划了一场暗黑主题的森林派对，要求所有参加活动的

客人都要着黑色的裙子，化深色系的妆容，在植物园吸引了一票人的瞩目。

毕业季——临近高考，时时刻刻为了呼应今年"时时刻刻，陪伴你人生每一个重要时刻"的slogan，专门设计了高考花束海报，并跟着送花人一起，等着考生走出考场，记录他们人生重要的瞬间。

花房开业以来，我给自己的第一个关键词就是"温度"，这里不应该仅仅是一家花店，而是贩卖与美好生活相关的一切。

我在微信公众号上做了一个专栏叫《每天都有温暖的故事发生在这个温暖的花房》，记录花束背后或温馨、或幸福、或感动的一个个瞬间。

花房落在这儿，一年年走过，就会和昆明这个城市里的人有更深的情感关联。

同时，我们坚持每个月举办一场有意思的活动，和大家一起过有花的生活。

VISIT The Hours 时时刻刻花植生活实验室
昆明市西山区书林街128号彩云里时时刻刻花植生活实验室
15812132390

免费沙龙，最好的引流方式

——银杏花制作沙龙活动

紫霞和至尊宝是90后，我每周都会和至尊宝通电话，因为他属于跳跃性思维，每次碰撞我们都有新的思路。至尊宝想事情，往往不是站在一个花店老板的角度，而是跳出了这个行业这个圈子，所以至尊宝可以在那么短的时间开那么多的店，而且都很成功。花店想要开得好，千万不要被固有的思维所限制。现在的客人越来越喜欢新奇特的东西，那你就去满足他，同时开动脑筋用小成本做大事情，事半功倍，这才是花店赚钱的奥妙所在。

银杏叶花艺成品

每年的11~12月，银杏叶就开始黄了。在我们生活的城市——嘉兴，有一条三塔路，每到这个季节就成了网红路，市民们都喜欢去这里拍照晒朋友圈。这时候我们突发奇想，可以把银杏叶做成花朵呀，好看又有特色！而且可以把这个作为沙龙课程，当做福利送给花店的客户。于是，免费的银杏叶制作课程就诞生了。

材料准备

采购热熔胶枪50把，胶棒1000支，竹签若干捆，拉菲草，各式好看的花瓶。

活动宣传

微信朋友圈，公众号宣传有免费的银杏花制作课程，开始转发朋友圈预报名，拉报名群等等之类的操作。

执行

一般人都抵挡不了"免费"的诱惑，所以这个活动报名的人数特别多。有300多人通过预报名群报名，后期活动开始后人数还在增加。我们要求客户自己带银杏叶到我们店里，因为自己带的会比较珍惜，不会过多地使用叶材，其他的工具、胶棒都免费使用。

其实这个银杏花朵制作起来很简单，只要挑选品相好的叶片，在叶片底部粘上热熔胶，然后一层层粘连，一朵花的形状就做出来了，最后在花的底部粘上竹签，一朵漂亮的银杏花很快就完成了。

因为人数比较多，于是我们将沙龙课分成若干场，每一场10人左右，每天

放了一年的银杏干花　刚刚做好的银杏花

安排2场（下午、晚上各一场），在群里以接龙的形式报名。这次活动足足持续了两个星期。免费报名、转发朋友圈让我们花店也赚足了人气。那么光吃喝赚人气是远远不够的，我们要赢利！

活动开始前我们屯了大量的花瓶，以及棉花和其他干花，这时候就派上了用场。每一位银杏花沙龙学员或多或少都会买个花瓶，或者搭配其他的一些干花。有的甚至买走了我们的热熔枪、热熔棒，回家继续自己动手做……

最后，通过这个活动，我们店铺除了增加人气，还促进了散花购买、会员充值等一系列业务。

总结

免费是最好的引流方式！我们做花艺的就要发现生活中的美好，带着客户一起玩。

 VISIT 紫霞花艺
浙江省嘉兴市南湖区塘桥路 268 号
13456342158

编织沙龙

谁说花店沙龙只能与花有关?

妖精花园的老板叫丽子,花哥和丽子就是在学习的课程中认识的。丽子是一个传统花店的老板,但是丽子的思维方式一点不传统,她的经营方式很新,你在她的店里总能找到时尚的元素。花哥常说你今年学习用的钱和今年赚的钱成正比。妖精花园的活动很精彩,这和当家人眼界开阔分不开,所以传统花店的老板们一定要多走出来,因为外面的世界很精彩!

这两年花店沙龙课发展得如火如荼。在各种类型的沙龙课都尝试过后，感觉已经江郎才尽，拿不出特别的内容给我们的企事业单位客户，于是我们就去寻找新的吸引女性的产品，这时候编织走进了我们的视线。

我的合作伙伴艳艳对编织很感兴趣，于是就自学了各类编织，并将其融入到沙龙课程中，非常受欢迎。编织可以和花瓶、盆栽等花店产品结合起来，比如在花瓶外面加一些编织装饰，风格立马会不一样。编织作品挂在花店中也能增加花店的韵味，还是很好的拍照背景。

新产品推出后要先试一下市场反映。我们每周针对花友都会有团购，在要推出编织课之际，我们在客户群中鼓励大家晒一晒每周的周花，并评选出最佳买家秀，得奖者可以获得我们的编织课，这样既活跃了群气氛，又引发了更多人购买周花，顺便就把编织沙龙课的人组织齐了。

我们把编织活动先安排在周末时间

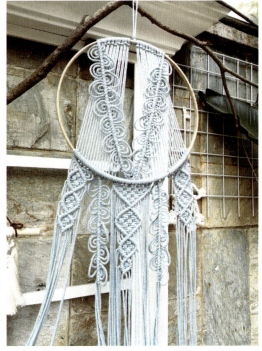

推出，每次10人左右。活动结束后，我们还把花瓶和编织结合起来，客人有了花瓶后多多少少都会买些鲜花回去。这样既卖了编织课，又再次促进了消费。

经过几期的预热，越来越多的客户选择了编织课程。银行、地产和保险公司等都选择用编织课来维护他们的客户。现在我们每周都会接到2~3场编织沙龙课。而市场上没有这个课程，不会同质化，在价格上也比较有优势。

 VISIT 妖精花园
福建省龙岩市新罗区双泉路城市桂冠 51 号店
0597-2118008 18906076522

跨界合作
共赢办沙龙

遇见『遇见』，在南平这座小山城，最美的事情莫过于去美虹的店里坐一坐，美虹的店和她一样，恬静优雅，去过一次的人都会爱上她们。把客户变成朋友，是很多成功老板最常用的办法，但是这需要用情感去经营，细心和行动去维系，这一点美虹做到了。

"双11"购物节，是一个全民购物狂欢的日子。但是买花的却并不多，这样一个全民"剁手"的日子，如何引导花卉消费，如何增加与"花粉"的黏性，都是值得思考的。

因着这样的思考，我们便有了"光复单身"的活动设想。为了节约费用，我们寻找可以合作的或者赞助我们的其他行业，如美容院、烘焙店、瑜伽馆、咖啡馆等。这些合作商家在当地也有足够的影响力，能做到互惠互利。

活动名称

光复单身·追寻自我的花草之旅

活动目的

根据女性爱美、爱发朋友圈的特点，用这样高质量的活动来引发自主发朋友圈的传播效应，吸引企业客户的关注。这样的活动也可以为企业服务他们的高端客户提供方案。

节前准备

在活动开始前，寻找到共赢合作商家，最终和我们合作的企业有玫琳凯美妆、饭米粒心灵成长工作坊、斯莫烘培甜点、淋白白水果、湖岸咖啡馆。

时间安排

活动时间安排的是一整天，从早晨9

"双11"沙龙活动现场

点到傍晚4点结束。

内容安排

首先是相互认识的破冰游戏；接下来是美妆分享、心灵读书会，然后自助午餐，下午是手编花环、拍照合影。

活动价格

办这样一场活动，原价需要298元，"遇见花馆"粉丝专属价只要99元。这样增加了身为"遇见粉丝"的幸福感。

执行

合作的水果店、甜品店为这次活动提供免费水果、蛋糕，咖啡馆为此次活动提供场地，我们花店为他们做现场的推广和引流。美妆、读书会，以及咖啡馆现场就可以进行加粉引流的引导。场地布置用的鲜花是前一天婚礼花艺回收的鲜花。因此办这场活动我们基本上没有花费成本。

活动收获

现场花艺布置的营造，加上一天的活动都安排得合理，充分给来参加活动的女性花粉很多拍照秀朋友圈的时间，夸赞声不断，遇见的品牌得到很好的口碑宣传。此次活动也为升级版花艺沙龙做了一场很好的宣传案例。

遇见的花礼产品

 VISIT 遇见花草生活
福建省南平市延平区八一路304-9号店（市政府公交站附近）
0599-8869520 / 18020923423

花店
不一定非得有店面

对很多行业来说，圣诞不是一个节，而是一个季。花哥也经常讲花店运营要门店场景化，就像圣诞节来临的时候，你不是光在店里摆一棵圣诞树，做几个带苹果的礼盒，挂几串灯，就是圣诞节。圣诞节需要有一个深入的场景来带动客人消费，其实不光圣诞节，我认为花店的陈列应该尽随着季节的变化而变化，这样才能给客人更多的新鲜感。如果我今天去你的店，明天去你的店，半年后再去你的店都是一个样子的话，那么这个店对客人的吸引力就会越来越少，变则通，对于花店的陈列来说，对于营销来说，这是最重要的道理。花哥说

我们花店位于河南一个三线城市物流园内，是一个两层仓库，没有门面，一楼是批发花材的陈列，二楼有一个简单操作间，用于制作零售的订单，以及开设一些花艺体验课程。虽然没有门面展示，但是通过一些创意活动，花店也聚集了比较高的人气。

万圣节拍照写真

方式

在花店的二层精心设计一个万圣节的花艺场景空间，通过微信朋友圈发布出去，吸引众多花友来拍照。拍照分为

两种方式,一种是免费的花友自拍,一种是收费的专业摄影师拍照。这样既可以扩大知名度,也能衍生出盈利的业务。

准备

提前一周准备活动所需的花材等材料,联系摄影师,和摄影师沟通自己的活动方案,达成共识,摄影师安排模特、化妆师和服装。

执行

万圣节前3天,开始进行万圣节花艺场景布置,摄影师及相关人员到位,进行场景拍摄;万圣节前两天,将万圣节主题照片发布在微信朋友圈,进行预热。

收获

万圣节当天吸引了一大批花友来拍照,人气爆棚;选择付费专业摄影师拍照的也有很多,实现盈利;除此之外,花店还承接了两场万圣节主题派对的场景设计业务。

成本

整个场景所用到的花材和物料共200元,摄影师、模特、化妆师无费用。

鲜花淡季自造营销案例

活动名称

一本旧书，换一个与花相伴的下午

方式

花友可以用自己的一本读过的书，换取一下午的花艺沙龙体验活动。活动内容为制作叶子花球和干花胸花。

宣传

通过微信朋友圈发布活动预热，建微信群，群内提前三天持续发布活动内容，花友可以邀请意向好友进群。

执行

活动前一天统计到场人数，准备活动所需要的材料。

收获

原本只准备做10人的小沙龙，结果3天时间微信群招募了200多人，报名人数大大超过了预期。活动结束后群友的热情不减，又陆续参加了我们的收费花艺体验课程，收获了一批喜欢生活、鲜花的忠实粉丝。我们还利用收获的图书，做了一个小图书角，可供大家阅读。

成本

人均不到10元，素材大都是店内平时放干的花材。

 VISIT 植己花店
📍 河南省南阳市车站路与八一路东 200 米路南
📞 15838797917

做好计划和安排，再大的节日也不怕

2019年3.8节推广

很多人咨询花哥商场店好不好开？应该怎么开？其实说实话商场店不好开的，因为商场店较之于沿街门店来说有太多的制约，你需要遵守商场的时间。夏天的时候，商场晚上是没有空调的，鲜花的损耗还比较大，而且商场的条条框框都是比较繁琐挺麻烦的。但是商场也有一个最大的好处，就是商场的人流量很大，较之沿街店铺来说，更容易吸到更多优质的粉丝，如果你的店铺漂亮，活动有吸引力，产品有优势，多多积累粉丝，这是商场店运营的成功秘诀。

项目名称

你好，女神！

人员配备

花艺师2名+1名客服和订单管理人员+2名临时兼职+闪送配送

产品设计

首先分析女神节的具体情况，女神节送花的对象一般是送给家人、企业送给客户、男生送给女朋友等，因此，我们将业务定位主要是企业花礼团购，花艺DIY课程和零散花礼。

结合我们店内人员的实际情况，产品主推瓶插花，主要针对家人赠送和企业客户赠送，瓶插相对来说性价比高，而且制作简单，我们可以提前准备。

除此之外，也准备了花束。花束为高毛利商品。我们把收花对象定位母亲、客户和女朋友，共设计了三款花束。同时准备了三款抱抱桶手提花篮和花盒，主要是为了减少断头花材的损耗，花材的选择避开了节日像康乃馨那些暴涨价的花材，改用设计引导顾客不要盲目跟风，同时控制成本。

时间计划安排

我们将节前10天左右的工作安排制作成表格发放给每个人，相关人员按照每日的工作计划安排自己的工作（具体见36页）。花束的包装材料会按照每

3月

25	26	27	28	01	02	03
	整理现有资料	购买资料	活动预热	平台订花	准备资料	准备资料
04	05	06	07	08	09	10
处理花材	处理花材，制作瓶插花系列	制作百合康乃馨花束，预定花束	制作花束，配送			
11	12	13	14	15	16	17

款式	价格	备货数量	预算金额	主花数量（扎）		配花数量		资材数量	
				主花名称	数量（扎）	配花名称	数量（扎）		
牛皮纸手提花篮	168	20	3360	向日葵 1	4	香雪兰 1	2	牛皮手提袋	20
				红色蛛丝弗朗 1	2	红色多丁 2	1	花泥	0.5
				白色康乃馨	2	羊齿藓 2	4	玻璃纸 70	1包
				黄色洋牡丹 2	4	栀子叶	10		
				黄色玫瑰 1	2	六出花金色	2		
信封花盒	188	15	1820	向日葵 1	5	绿色康乃馨 2	2	信封花盒	15
				黄色玫瑰 1	1	绿色多丁 2	1	白色雪梨纸	1
				黄色洋牡丹 2	2	白色弗朗 1	2	玻璃纸	1
				白色洋牡丹 4	6	白洋兰 2	3	花泥 1	1
				肾蕨 3	1	白色洋桔梗 3	1		
				香雪兰	1	雪柳	1		
				黄色康乃馨 1	1				
光线小瓶插花白粉色系	218	25	5450	粉佳人 2	3	粉色小菊	3	光线蓝色玻璃瓶	1
				粉色康乃馨 2	3	白色绿心小菊 2	5	玻璃纸	1
				粉色洋牡丹 2	3	白色康乃馨 1	5	丝带	1
				白色洋牡丹 2	5	粉色弗朗 2	5	白色手提袋 1	25
				洋桔梗 3	7				
				粉色多丁 2	2	银叶菊 2	3		
				红色玫瑰 3	3	银叶菊 2	2	紫色玻璃瓶	1
光线小瓶插花白红黄系	218	15	3270	黄色洋牡丹 3	5	红色多丁 2	3	玻璃纸	1
				红色佛郎				白色手提袋 1	15
				橘色弗朗	3				

恋物致节日海报规划和准备物料清单

个花束设计，将包装纸、丝带、玻璃纸一套一套的分别准备好，这样花艺师制作的时候会节约很多时间；花盒产品可将花泥提前裁好、放好；瓶插花可最先制作，在处理花材的同时就将按照每个瓶插所需花材分配好，并直接打水袋放入冰箱，减少节日前一天和当天的制作压力。

根据产品的定位和对于节日的预估，我们还制作了具体的计划表，以便准确地准备花材和资材。

宣传

对于零售花礼，3月6日之前客服可根据顾客需求接预订单，3月6日后，客服主要引导顾客购买计划内的花礼。并且通过"两份立减"（买两份减一定的金额）的活动，引导顾客一次性购买2~3份花礼，提升了客单价又减少了配送压力。针对顾客赠送的对象，送年轻女士的我们建议顾客尽量在3月7日配送，其他顾客3月8日配送，分散配送压力。

活动效果

团队一共5人参与女神节筹备，只有3月7日加班。最终收获了一份22个花盒的企业团购订单；一个39人的团队DIY花艺体验课；零售花礼120余份。销售额4万+，纯利润50%以上。整个过程大家相对轻松，并且没有剩余花材，基本无损耗，利润率也很不错。

做好计划和安排，再大的节日也不怕。

恋物致花艺的花礼产品

 VISIT 恋物致花艺美学
新疆乌鲁木齐市新市区花田电影小镇 L 座电影院入口处恋物致生活馆
18160621308 或 18699028728

变"废"为宝的干燥花

花店的盈利点,很多时候不是挣出来的,而是省出来的,花材的损耗控制低,你的店铺成本就低,利润就高。如何能够成功运用花店干花这样的商品,去减少损耗,增加销售是很多花店苦恼的问题,这个需要方式方法,你需要认真去学习关于干花的知识,并很好的加以应用。其实每个花店都不缺少制作干花的材料,关键在于人,建议大家关注一下百合花店,可以将废变宝,可以开源节流,对于花店来说,这一点很重要。

鲜花好看，但是保存期太短。干花就不一样了，想放多久就能放多久。所以，店内用不完的鲜花再也不要当废物扔掉，可以晾干变成干花。

和鲜花相比，干花虽然没有鲜花的娇艳水灵，但在干燥之后会呈现出不一样的美感，自带怀旧、文艺的感觉，用途也非常广泛。商店装饰、居家装饰都可以。

在平时，我们花店会有意识地灌输顾客关于干花的消费理念，引导顾客从另一种角度来欣赏花儿，发现生活中不一样的美好。顾客在店里购买鲜花之后，我们告诉顾客如何在家自己动手制作干花，享受到DIY的乐趣。有一些顾客在店里购买制作好的成品干花和花环，也对此一致好评，花店也增加了不少人气。店里的鲜花也因此大大降低了损耗，同时干花变成了直接增收的产品类型，间接促进了散花和花瓶的销售。

做瓶插

鲜花的瓶插期是短暂的，而且总是需要每天剪根换水，真的不适合懒癌症患者。干花瓶插既能简单随意，也能做造型，瓶插期长，其风格尤其适合书房、咖啡馆等文艺的环境。

做花束

谁说鲜花才能做花束,干花做成花束也是超美的。我们经常用干花做成迷你小花束,放在花盒里或给客户当成小礼物,效果很不错。而客户买鲜花后,我们也会告诉客户,先把它拆开晾干做成干花,之后再用包装纸重新包起来,这样便能永远纪念他们之间的感情了。

做花环

圣诞节的时候,用干花做个花环,一定是最特别的。平常可以挂在墙面做装饰。如果你嫌做花环麻烦,也可以直接用个布袋装起来,文艺又简单。

干燥花制作法

1.选择适合做干花的花材。一般含水量少的花材都适合做干花,比如切花月季、麦秆菊、千日红、勿忘我、补血草、柏树枝、尤加利、芒草等。百合、小苍兰、虞美人等含水量大、花瓣薄的花材不合适做干花。

2.用橡皮筋将花材捆绑好,选择通风处倒挂风干。风干约两星期,就变成干燥花了。

干花花环制作法

1.材料准备:干燥的玫瑰、尤加利果、莲蓬、棉花各数枝,松柏三枝,树枝一根,缎带一条,剪刀、胶枪一把。

2.把树枝做成圆环状,然后将各种不同颜色的干燥花,组合成自己喜欢的样式,再以缎带固定。

3.花束组合好后以缎带固定,就是一个美丽大方的花环了。

变废为宝的干花作品

VISIT 南阳市百合鲜花
南阳市滨河路花鸟市场 6 区 88 号
15637720010

婚纱礼服发布会，
人体花艺来添彩

玲子的花艺我喜欢，人我更喜欢，是因为玲子的灵巧和勤奋，记得长沙花艺节，我推荐玲子去参加世界杯，结果她拿了一个北京站的冠军。敢想敢做，是成功新锐花店的共同点，敢想，敢尝试，敢创新，其实真的是没有做不到，只有想不到。还有就是平时多看一些关于时尚的杂志和视频，也是提升自己审美一个很好的渠道，学习这事不能停……

用金色铝丝绕成如意纹样,尖端挑出红豆果,颜色喜庆,寓意吉祥
以郁金香、蝴蝶兰、花毛茛、金槌花等橙黄色系的花材,打造高端、喜庆的婚庆色调

　　婚纱、礼服发布会,在众人眼里是高端、时尚的代名词。高挑名模身着盛装,迤逦前行,闪光灯下衍生最新流行元素,可若是在这样的盛典上加入人体花艺这一吸引眼球的花艺形式,一定让发布会锦上添花、熠熠生辉。

活动主题
人体花饰&婚纱礼服发布会

材料准备
　　采购金色、银色铝丝若干卷,鲜花胶若干支,橙黄或橙红色系鲜花一批。

活动宣传
　　通过新闻媒体、网络发布活动时间、看点、花絮等。

执行
　　与婚纱礼服发布会主办方合作,提前做好人体花艺元素、色彩等方面的设计,做骨架,卷如意,绑缚成形,粘贴鲜花。人体花艺新娘花饰非常漂亮、吸引眼球,成为发布会上一道靓丽的风景,引来阵阵喝彩声和拍照不断。

收获

因为现场观众平时对人体花艺的了解和接触并不多，所以这个表演给了他们眼前一亮的新奇感，甚至让未婚一族心生感叹"咦，这个，我们的婚礼上也可以有哦！"

发布会后，我们花店接到很多订单，有和发布会相关的，也有和婚礼相关的，还有一些展会、橱窗设计方面的，这样不仅扩大了店铺的知名度，也增加了业务量。

总结

花艺人就是要勇于尝试、敢于开拓，和众多相关产业去联合，做别人没做过的，干别人不敢干的，往往会有意想不到的收获。

玲艺花坊的花艺作品及空间布置

 VISIT 27 色花艺
 湖南省长沙市芙蓉区东牌楼6号
 13974846358

互动、互动、互动，要和顾客多互动

玲珑是个老店，接近20年，在古老的泰山脚下。但是玲珑一点不老，从老板到老板娘，到店铺的装修、产品的陈列、主题的设计，玲珑都做到了一个新字。老板娘爱华经常跟我聊天，她的思维方式也很超前，她每年参加全国各种各样的行业交流活动，甚至不是本行业的活动，她也热衷于参加。爱华有讲，在参加各种课程的过程中对她有很大的启发，所以不管行业再怎么发展，竞争怎么激烈，他们独有的优势是其他同行所无法比拟，也是无法超越的，所以她也一点儿不担心花店多，竞争大，越有竞争越有战斗力！

活动名称

周年庆典——说出你和玲珑花店的故事

活动方式

20周年店庆前夕，我们和花友做了一个"说出你和玲珑花店的故事"的互动活动。要求花友写出自己和花店的故事，要真情实感，搭配好图片，发在微信上，可以到店领取价值39.9元的周花一次必须到店自提。

收获

通过这次活动，我们突然发现那么多爱"玲珑"的朋友。他们写的故事非常感人，有的花友一直跟了我们18年，从小姑娘一直追随到现在。这些故事让我们店庆20周年，赚得人气爆满。连续一个多

朋友圈宣传案例

月,整个泰城都在被"玲珑"花屋刷屏。

除了人气暴涨,来充值与买花的顾客也急增。还引来当地拍婚纱照和儿童摄影的小伙伴们,把我们花店作为拍摄基地。现在依然有伙伴慕名而来,说是朋友介绍来的。这让我们幸福感十足。现在只要一提花店,泰城人的脑海中就会浮现,玲珑——梦想中的花店!

 VISIT 玲珑花艺

山东省泰安市文化路西段 56—16 号(泰山外国语学校西 50 米路北)\0538-8211752 18953825225

Telling You
—天缘花艺—

忙而不乱过大节

如果说花店是一个队伍的话，那么花店老板，就是这个队伍的统帅，统帅要做的事情就是运筹帷幄之中，因此花店运营当中，系统非常的重要。天缘陶子话很少，但是陶子的大脑非常的清晰，在平时的运营和节日的运营中，陶子都有一套完整的作战方针，这也是在每个节日接几千个订单，天缘花店都不乱的最根本。而很多花店的作战方针是来什么花，卖什么花，来什么人接什么客，最终没有计划，没有部署，没有目标，所以年年如此。节日很忙很累赚不到钱，这个现象要改变哟。

过节对于花店来说是难得商机，但也是一场战争，需要考验花店各个方面的能力，尤其是管理能力。我们在2016至2017年间，每个节日接单量平均约为600单左右；2018年最高的节日订单是2月14日情人节，10个人4天完成了1500单的制作和配送任务。经过多年的节日备战，我们总结出一套比较实用的实战经验，现在分享给大家。

节前准备

节前20~25天

节日的筹备从节前20~25天开始。具体内容包括资材的采购、鲜切花渠道的确认、商品打样、宣传、订单管理等。各项工作要充分考虑自己店面的实际情况来确定。

1. 订单的来源。我们的订单来源主要有平台转单、自由商城、合作平台，以及店面销售。

2. 店面大小。存放节日用花以及花礼产品需要足够的空间。

3. 人员多少。每个人所能完成的花礼数量是能计算出来的，人员多少也就决定了所能完成花礼的整体产量。人员多少加上配送渠道、现场把控能力，3个方面确定自己节日的接单能力，决定本次节日的接单量。

节前15天

1. 完成节日花礼的设计，花礼要兼顾美观与制作简单，高效，配送方便，不易变形。

2. 完成礼盒、包装纸等资材的采购。

3. 完成丝带花等配饰的制作。

4. 网络商品的打样、拍照。

5. 确定好稳定的进货渠道。过节不要随意更换供货商，要选择品质有保障的花材商，昆明原产地和本地供货商相结合。

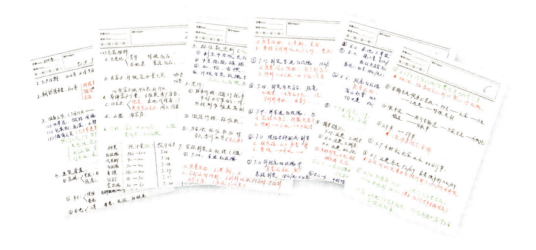

节前5天

1. 所有花材到店。
2. 所有花材修剪整理完毕，进入冷库。
3. 各渠道订单都录入后台，减少漏单几率，订单打印一式两份，派单员一份，花艺师一份。

节前3天

1. 花礼制作：采用流水线的方式制作花礼。流程为配花员根据设计配好花材—花艺师制作花束—包装—贴订单，每一个环节有专门的人。
2. 快递方式确定：订单采用快递+同城配送+分区车辆配送+机动救急车及电车人员 的综合全方位配送形式。

节日当天

1. 派专职人员接电话处理各项事宜。
2. 店面零售。
3. 除了之前订单需要的所有材料之外，节日当天最好还备一件花材，以备意外之用，而且花材的品类要全。

及时总结经验教训

每次过节后我们都会把制作、配送中遇到的实际问题以及解决处理办法记录下来，以备下一个节日做参考。

总结：做好计划，做足准备，每个节日都能打一场漂亮仗。

 VISIT 天缘花艺生活馆 - Telling You
　　📍 河北省石家庄市桥西区中山西路 357 号
　　📞 13032663860

七夕情人节：花艺结合花酿餐厅联合营销

玫瑰派是芜湖的老店，学芬也是花哥多年的朋友，正如她的名字一样，她爱学习散发着芬芳，所以虽然是老店，但是玫瑰派非常的洋气，非常的时尚，去过玫瑰派的人都会喜欢上她。我们常说创意无限，玫瑰派就是这样的店，花店发展最害怕的就是停滞不前，坐井观天，闷在家里，不懂得出去看世界，芜湖是个美丽的城市，有时间可以去芜湖看看学芬，看看玫瑰派。

玫瑰派旗下的花酿餐厅专为玫瑰派花粉及追求仪式感的高端人群，为更多相爱的人提供表达爱的场景式服务。

案例

2018七夕特别晚宴

方案

情侣套餐，餐厅每一个区域做成隐私空间，根据空间区域大小和风格不同而设计专属场景。有荷塘月色房间中弥漫水雾营造浪漫仙境桌面及地面用花插出荷塘效果，让客户仿佛置身于仙境中就餐。七夕特别晚宴的餐厅设计是特意为七夕定制的。我们餐厅每一个节日都会特制与之相对应的场景。给客户免费拍摄高品质留影，让浪漫延续……让客户都有想与朋友分享的欲望。

影响

1. 横向加强了花店客户及用餐客户的关联性。

2. 纵向深挖客户需求,发掘客户的隐私需求,优于任何一家单纯性花店及餐饮的服务形式。

3. 由于超高颜值的环境,服务及花艺两相结合,在芜湖这座小城迅速得到一大批追捧的粉丝,及良好的口口相传的知名度。

4. 多元的消费模式获得海量粉丝,同时也获得芜湖各大媒体争相报道加持,从而使玫瑰派知名度在质的领域得到捍实。

 VISIT 芜湖玫瑰派花艺
安徽省芜湖市新时代商业街 158 号 / 芜湖市鸠江区星悦广场 16-16 号
0553-4227347/ 0553-5881587

做一家温暖的花店

母亲节亲子插花沙龙

五常的大米出名,五常的十里花香也很出名。当家人徐姐不像老板,更像个极具亲和力的大姐,而且你会看到,她跟她的员工都打成一片,以姐妹相称。所以说,老板的特点,就定位了店铺的特点,根据店铺的特点做相应的营销活动,会让客人的感受更真切。和十里花香一样,我们花福记的slogan也是做城市最温暖的花店。其实,这个理念提出来容易,做起来还是有难度的,你必须把营销做到客人的内心处,让他们感受到这份温暖真实存在,但是只要你用心做,他们一定会感受得到!

花草说

各校教师插花DIY活动

老师对于每个孩子来说都是妈妈般的存在，因此在母亲节前夕，我们策划了一场插花活动，希望老师在繁忙的工作之余，也可以安静地享受生活的美好。为此我们联系了各个学校的校长和幼儿园的园长，希望以体验课的形式为每个学校开设一堂花艺DIY课。沟通之后，他们也很高兴可以参加这样的活动，就这样我们准备了大量相应的花材，如向日葵、玫瑰等，花艺剪刀以及带有十里花香标志的围裙，以增强客户的体验感。

我们每周会和学校提前沟通好时间，花艺师带着花材和相应的工具去学校讲花艺课，内容是小花篮和压花书签。每次课程结束后，反响都非常的好，因为我们会在课上为她们讲解如何区分花的等级以及一些基本的养护知识，所以她们会认为十里花香和别家花店不一样，花艺师的专业性更高，花的品质也更好，相比之下她们更愿意来十里花香买花。通过这次母亲节前夕的预热，使我们在各个学校和幼儿园间打开了知名度，为后面母亲节活动的顺利进行提供了良好的开端。

各校老师以体验课的方式进行，无费用。

各校老师体验课需注意的地方。

花材选择：可以选择花期较长的并且适当可搭配2～3种不常见的花材。

授课方式：花艺老师可以多讲一些专业性的知识，插花的一些基本技法，如色彩的搭配、空间的掌握、花材的养护等等。

幼儿园母亲节亲子插花沙龙

活动内容

"小的时候,妈妈教会我走路,说话,带我去许多地方,相册里都能看到我们的足迹,看日出,看星星,看山,看海,看这个世界。而现在,我已经慢慢长大,而妈妈慢慢老去,我也要亲手制作一份礼物给妈妈过一个特殊而有意义的母亲节!"这是我们此次母亲节花艺DIY活动的slogan。这次活动是与幼儿园合作的。

而之所以想到要和幼儿园合作,首先因为花店平时的顾客群体年龄在七零八零之间比较多,为了使顾客群体更加年轻化,多样化;其次因为幼儿园每逢一些有意义的节日,如:教师节、母亲节、儿童节等,园内也想要增设一些活动,以开阔孩子们的视野,花艺DIY课恰好可以满足幼儿园的这种需求,而我们也可以通过这样一种方式,增加与顾客的黏合度。因此,我们同幼儿园合作举办了一场母亲和孩子亲手制作花礼的活动,为子女们表达对母亲稚嫩的爱、慰藉母亲善良的心而搭建一座服务的"桥梁"。

活动执行

母亲节亲子插花费用:48元/位。

亲子活动需注意的地方。

安全问题:花艺老师和各位妈妈都需要准确的告诉孩子们剪刀的正确使用方法。

花材选择:花材应选择无刺、无异味、无汁液的,色彩也可以鲜艳明亮些。

授课方式:花艺老师讲课的方式可以童真一些,语言活泼丰富,更能提高孩子们的兴趣，并且一定要注意和孩子们的互动，使孩子们的参与感更强。

活动总结

由于先前和幼儿园的教师花艺沙龙合作非常愉快，使得我们也就有了更多的合作机会，在此次的活动过程中，妈妈和小朋友们按照花艺师们的指导一步步将自己的作品完成。妈妈和小朋友通过互动增进了彼此的感情和默契，也让大家感受到了我们花店的温暖和细心。

此次活动不仅让花店赚了很多人气，最重要的是，很多家长也对鲜花有了更深刻的认识，慢慢的也养成了买花的习惯，成为了我们忠实的花粉！

此后，我们每周都会开设一次花艺DIY课，可能是收费的，也可能是以回馈客户的方式进行。慢慢的，每逢一些节日，如：儿童节，教师节，三八节等，学校有活动的时候就会首先想到和我们合作！

VISIT 十里花香花艺
黑龙江省五常市通达大街58号
18746463755

宜家花铺

商业区实体花店的经营模式

做商人要成功，必须有敏锐的商业思维，文子这一点做的非常好。对于市场价格的定调，市场的流行趋势，都有很明确的分析，所以她在制定店铺经营政策、销售目标的时候，都有清晰的定位。只有这样精确的商业思维，才能让自己的店铺稳步发展，稳定盈利。其实做花店老板，可以佛系，佛系还能赚钱，才是真本事，如果不能，就好好的学习正确的商业模式，因为开店不赚钱就是耍流氓！

六折商户鲜花邻居卡

适用于每一家商业区的实体花店。

活动初衷

为了抵抗鲜花电商带给实体花店的冲击；因为客户的购买习惯已经在发生变化了；而且家庭鲜花的需求越来越大，鲜花价格却越来越便宜；没有打通网络销售的实体花店，只能依靠门店所处的商业区，把直径2公里以内的鲜花业务全部带进自己的门店。

活动方式

凭宣传单可到门店免费领取花瓶。

实施过程

设计带有自己门店详细企业宣传的卡片，logo可用烫金工艺，制作卡片的费用大概在7毛到1.5元之间，广告公司也是根据卡片大小和印刷数量来定价；然后同时采购物美价廉的花瓶，图片中的花瓶发货价为10元一个。

门店店长亲自带领花艺师对所处的商业街商户进行登门拜访，时间可安排在日常订单不太多的情况下去分组完成。虽然也会有商户直接拒绝我们的拜访，但是只要对鲜花感兴趣的女性客户，基本都会凭宣传单进到门店来领取花瓶。这时我们会在会员系统里面详细登记商户的门店信息和联系方式；并且再次说明她们可以以报商户店名的形式享受散花6折的优惠，不光是该商户的老板、员工，连她们介绍过来的客人，一律享受散花6折优惠，且没有金额限制，哪怕买一枝康乃馨也会给予6折优惠。出于占了便宜的心理作用，大部分的顾客也会选择挑几枝花带回去，而我们的花瓶成本也会在本次交

易中收回，没有上门领取花瓶的商户，我们则没有任何损失（除了那张宣传卡片外）。

收获

我们的门店位于万达的室外步行街，各行各业的商户均有。其中有一家专门经营佛牌的商户名叫"泰佛缘"，老板娘叫左婷，因为本身爱花，加上又有鲜花供佛的需要，所以毫不犹豫地过来领取了花瓶，并带了一把百合回去。一来二去熟了以后，她也会把她店里需要还愿的客户介绍给我们，因为供了佛牌的客户每到初一或十五都会需要鲜花去供佛；然后我们会推荐门店本身就在售卖的家庭散花卡给她的客户。因为活动力度达到5折，而且首次办理的会员我们都会送花瓶。这样商户介绍过来的客户基本会人手一卡，而门店每天的零售额流水也可以稳稳地保持在2000元以上。因为这个举动，我们不光培养了一批门店摆花的商户（花瓶免费送、买花无金额门槛还可以6折），也收获了一批鲜花套餐卡花粉客户。

总结

1.物料准备要充分，特别是赠送的花瓶和可以供大家甄选的花材品种要丰富。

2.门店的散花零售价格毛利不高的花店可根据自身情况设定折扣（比如我们的2头百合、向日葵零售价是15，国产

玫瑰及雏菊、紫罗兰的零售价都是10元每枝，即使5折之后也是有钱可赚的。遇见某种花材价格特别高的时候，我们会暂时停售几天。以保证自己合理的毛利率。因为散花的零售价格我们家是一年365天均不变的。

3.对于进店领取花瓶的商户，服务态度一定要热情，不能因为商家不买花，领了花瓶就走，就给脸色看。因为活动是你自己策划的，不能因为别人不消费就不高兴了。服务至上的花店才可以让大家愿意天天来光顾。

家庭全屋定制服务

特别适合社区花店。

这一项服务是目前的鲜花电商还涉及不到的领域，而我们实体花店却可以做得很好。

宜家花铺之所以会开展这项业务，一是根据店铺名字本身赋予的含义："宜家"二字；二是市场的需求；因为每一个家庭都需要绿色植物来美化居住环境。

具体操作方法

从自家门店最熟悉的老顾客及会员开始推广，这个服务需要花艺师对各种植物的习性和十二生肖对应的旺财植物有所了解。并且需要花艺师上门根据客户的房屋大小、朝向、空间、家庭成员的需要来做预算。而设计方案不光要免费，而且需要提供2种以上，以方便客户更好的选择；除了绿植，工艺品和仿真花也是可以根据客户的需要搭配进去，价格是从700~20000元之间的业务我们都做过。除了赠送喷壶和肥料，我们也会保证植物的包活期给顾客，短期养死的植物会免费换新给顾客，超过包活期的可以提供半价换新服务。但是要注意的是，即使半价换新的时候也要保证自己有钱赚。这个服务会让花店顺利进入到每一个家庭，而每一位家庭成员对鲜花产品的需求都会从你的门店购买了。

案例分享

住在我们花店楼上的顾客魏琳女士，因为每天都会路过我们花店；所以对我们还算比较熟悉，她的新房装修好之后，就带着我一起上门帮她设计怎么摆植物。第一批植物我们主要以能吸甲醛和净化空气的为主，等她确定搬新家的日期以后，我们将在之前设计好的工艺花瓶、仿真花、观赏性绿植一起送货上门。然后魏琳是一次性充值了5000元。如果门店每个月有3、4个这样的全屋定制订单，零售额其实很好做上去。当然后续的服务也是需要跟进，我们会主动询问顾客的养护情况怎么样？如果她需要出国一段时间，也可以提供植物免费寄养服务。

VISIT 宜家花铺
武汉市江汉区菱角湖万达广场室外步行街 E071
027-85571520 13100681301

VISIT 宜家花铺（二店）
武汉市江汉区新湾五路鑫苑小区门口
027-85668520 13397176520

留住员工 提高粉丝黏性

新宗很低调,跟他认识很久,我才知道他是中国花艺杯第四届的亚军。他的花艺水平非常的高,但是他最成功的我觉得不是花艺,而是他找了一个非常优秀的妻子,琳丽是我很早的学员,她给我的印象是做事情很有毅力,不达目的不罢休。而她和新宗,绝对是珠联璧合,一个管技术,一个管运营,配合的非常好。他们店铺人员的管理也非常的人性化,所以他们跟客户、跟员工都做到了好朋友,因此呢生意很好,他们情感也很好。做生意,过日子,互补非常重要,所以,尤其那些在选择合作伙伴的,这点要牢记了!

市场虽然在不停地变化,只要不断地学习,就一定会被市场认可,成为当地花艺行业的领头羊。

团队管理

有间花坊的团队成员由三部分组成:

1.花艺师团队。负责花礼制作和研发,花艺师每周做一次技术交流总结,来提升整体团队的花艺水平,提升效果不错。

2.销售团队。负责客户管理、营销活动策划推广新客源的开发。每周一次小总结,每月一次大总结。这样遇到问题能很好的得到解决。

3.配送团队。负责简单配送,这部分业务80%是外包给专业公司配送。

当然每个花店都有一个共同的通病,就是中底层的员工流动性大的问题,我们为了避免员工流失,给店面正常运营带来困扰,我们也是非常注重团队梯队培养。所有到店工作人员,都要从底层做起,逐步提拔。职位都会有正负极,根据工作能力考核确定职位。薪资是按照职位、岗位高低定,每晋级一

次是对晋级者的一次认可和一种鼓励，也能明显地感受到他们晋级后的工作激情。同时也给没晋级的员工是一种警示。再原岗位半年没有晋级，或半年没有拿到奖金的员工将会面临淘汰。这样有利于激发团队工作积极性。

花店是一个以节日来盈利的行业，每个节日前一个月左右，我们团队就分工开始备战节日的到来，每个节日都会由我们的花艺总监，给我们做针对不同节日的花艺培训。花艺团队负责打样，销售根据节日的定位来挑选样版花礼，拍照做推广。确定几款样版后，就开始找渠道备足材料。再根据每个节日、季节温度、花材的保鲜时间来确定大量制作花礼时间。在这期间店长就要给专业配送公司和兼职配送人员进行配送的规范培训，保障整个工作的顺利流畅，让客户有一份满意的购买和收花的体验，尽最大努力做到节日零投诉，来维护品牌形象。

管理新老粉丝群

2008年我们先后成立了2家自己的直营花店。我们很早很早开始就想给新老粉丝一点福利，想要鲜花走入生活，于是就建一个有间鲜花直购群，里面几乎都是喜欢花，隔一段时间就会买花的粉丝，现在也会有不断的新粉丝要求进群。

建群准备

寻找质优价美的货源，备好各式好看的花瓶。然后在微信朋友圈、微博等宣传质优价美散花活动，并建好小程序，建直购群等。

执行

根据每个人都爱"占便宜"的小心理，所以这个活动一发到朋友圈就火到不行，大家纷纷都要入群购买。我们是要求粉丝在小程序线上下单，下单后自取。小程序下单会方便管理而且客户可以看到小程序的其他花礼。鲜花直购活动就这么简单，我们有质优价美的货源，不定期可以用不同的鲜花做活动，拍张美美的照片，用小程序上线，再把链接发群里，附上美美的文案，大家点击购买。

每一次活动我们都是限量发售。但是光吆喝做活动赚人气远远不够，我们要赢利！

活动开始前，我们已经把小程序其他要推的花礼上线，这样她们购买活动用花的时候会看到，会激发他们二次消费。虽然这种几率不大，但他们有需求的时候就会想起我们。还有活动开始前我们准备的花瓶，这时候也派上了用处。每位购买散花的粉丝或多或少都会买一些花瓶。这个活动增强店铺人气，促进其他消费充值等等一系列的反应。

有间花坊花的花艺作品

 VISIT 有间花坊花艺生活馆
湖北省十堰市张湾区车城路街道公园路 17 号（有间花坊）
13986884556

圣诞活动趴

Z-Rose的老板叫兔子，人如其名。我对兔子的感觉就是她比兔子还要精，兔子创业的时候经常给我来电话，属于那种刨根问底型的，她非常善于借鉴各种形式的活动内容，而且执行得很到位，思路也很清晰。所以说，善于学习，是花店成功一个非常重要的学习手段，因为去选择新的创意活动不是一件容易的事情，但是你可以去借鉴，可以去模仿，加以改善，变成自己的，才是最好的出路！

活动案例

2016年圣诞活动

活动内容

推荐你的10个微信好友就免费送你一份圣诞礼物。

具体流程

顾客推荐10个微信好友,就免费送你一份圣诞礼物。每添加一位好友我们会自动给他发送一条信息,拿我们的花哥来说,他可能睡一觉,第二天早晨醒来就收到一条信息:"亲爱的花哥,很遗憾地通知您,您和另外9位同学被兔子拿去Z-Rose花艺换圣诞礼物了。""你现在已经变成了Z-Rose花艺的长工了,正在鄂尔多斯挖煤。"然后还配个微信头像P成的挖煤矿工的图像。

那这时候花哥是什么心情?肯定是好奇加报复啊!先看看怎么回事,然后也去捉弄一下其他的朋友,拿他们换圣诞礼物。

活动准备

我们在活动发布之前，在店里布置好了圣诞橱窗，有一棵2米高的蓬莱松圣诞树。圣诞树上挂满了装饰品和圣诞礼物袜子。送用户的圣诞礼物是用奖券的形式装在圣诞袜子里面，挂在圣诞树上，客户来了随机抽取。我们的奖品设计不止考虑到女性用户还考虑到男性用户。每个礼物里面都会有一张电影院赞助的电影票作为基底。圣诞礼物包含：永生花车挂、香薰石、圣诞花束、圣诞花盒、蓝牙音箱、拍立得、100元和1000元的加油卡。

活动总结

这个活动就这样一传十，十传百，很快就引爆了我们当地的各种社交圈。

这个活动是在2016年圣诞节进行的。我们全程添加好友、回复信息、修图、统计数据全部是用脚本来进行的。

我们在2天的时间里，微信新加好友3000名以上。在2016年微信短时间添加好友最多也就3000人数。活动进行最高潮的时候微信已经限制添加好友了。最后很多人都找我们反应说他们推荐的人还有好多没有加上。

这个圣诞活动推荐好友，很多女性客户把他们很多男性朋友推荐给我们，造成了圣诞期间花礼的销售暴涨，原本预计的花材的和资材都不够。最后出现了匆匆忙忙补货的局面。在整个圣诞期间营业额较往年增长了420%。

Z-Rose 店内景观

店内花艺展示

 VISIT Z-Rose 花艺
📍 山东省济南市章丘区百脉泉街
📞 15554166664

园艺+花艺，未来的趋势

让花店更像花店，我经常说中国的花和园艺类的店就像一个杂货铺，只是把各种各样的鲜花和园艺类的产品堆积在了一起，没有体验感，没有空间，客人进来以后没有舒适感，每一次都是匆匆忙忙地选择自己想要的产品就走了，这样的场景很难打动客人。花苑的老板叫关关，关关是个很用心的人，不管是店铺的陈列还是销售的方式，她都懂得站在客户的角度，去想事情。所以说，花苑是个纯粹的花店，更是一个人见人爱的花店。她将花艺与园艺完美地结合起来，也许这就是好花店最真实的样子。

花苑Florist开店选址时，特意选了门口可以摆放植物的临街门市。平时，围绕花苑Florist摆放了一排高大的景观植物，既可以销售，也是一道不错的风景，可以吸引更多的路人。

一天下午五点钟左右，进来一位港台腔调普通话的A先生。与其交流时能够感觉到他是一位非常有礼貌的人。A先生说今天是太太生日，需要买一束鲜花，家就住在旁边小区，路过店门口，感觉我们花店和其他花店的不一样，植物养护得非常精细。

A先生看中了一束成品，他太太非常喜欢百合，所以A先生想要在现成的这束花里多加一些百合，拿回家插在花瓶里会更好看。我们也知道，扎好的花束加花肯定不行，要么就只有重新搭配。可是他又赶时间，再加上他想要插在花瓶，所以我们就决定额外赠送他几支百合。这样既能够达成销售，也可以让顾客有更好的体验感。

临走时，我们询问了A先生联系方式，他很绅士的递上了名片，这才得知他原来是我们这边一家知名台企的负责人。他和太太本身是非常喜欢养花草的，可是由于工作繁忙，平时买回家的花草管不了多久就出现状态不佳的情况，便询问我们是否可以定期上门做花园维护工作。得到肯定答案后，便离开了。

A先生后来又陆续来购买过几次鲜花和植物，逐渐与我们熟识起来。有一次原本是请我们去做花园维护，后来在我们的建议下对花园进行了适度的改造，效果也非常满意。A先生要的就是在每次花园维护的过程中，既不需要投入过高的费用，也能达到花园四季有花的效果。我们要明确客户的需求，针对性地制定技术方案，并努力去完成。经过几次服务后，A先生今年更是放心地把他厂区的绿化养护以及补苗工作交由我们负责，年服务费达到了到十几万元。

在花苑的客户中，像A先生一样的客户还有不少，从鲜花开始，再到园艺业务的扩展，大大提高了我们和客户的黏性，业务得到了更大的拓展。

如果要开展花艺园艺复合业务，对

花店运营人员的要求就更高。不仅仅需要会花艺，还需要掌握很多园艺方面的知识，如常用植物花卉的品种，生长习性和养护方法等。甚至还需要了解一些花园建造，园艺康复等学术性知识。如果想要从激烈的市场竞争中脱颖而出，培养出自己的品牌，就必须不断学习和创新，走出一条自己的路。我们拥有的不仅仅是专业的团队，还有不断学习进步的心态。

总结

　　未来，随着社会进一步的发展，关于花艺和园艺方面的需求会越来越旺盛，花店发展也会有更多空间，"花艺+"会成为一种趋势。花艺和园艺本是一家，花艺和园艺复合运营会让花店的发展空间更为广阔。

 VISIT 花苑 Florist
　　重庆市永川区金科中央金街 560 号（保利影院往上走红绿灯口）
　　023-49830110　17723006110

花福记

淡季的仪式感

其实不是花店生意不好，是你家花店生意不好，好店没有淡季，人却有勤快和懒惰之分。我们在定位花店的时候，把自己的店定位成城市最温暖的花店，所以每一次活动都是打着温暖的这个主题，让旺季更旺，让淡季不淡，学会折腾，让人气永远保持旺盛的状态，是一个花店成功运营的根本。很多人称花哥是点子王，其实花哥想说，我做过的失败的案例比做过成功的案例要多得多，但是只有敢于尝试，才能知道哪些活动是更适合自己店铺运营的，能在竞争中保持长盛不衰。

光棍节+圣诞节衍生系列营销案例

[光棍节]

节前准备： 光棍节前，建立同城沟通交流群，群内人数达100多人，群内预热，送小礼物提升群内活跃度。

执行： 光棍节当天推出花束新品，在群内推广扩散，引起强烈的反响，除了产品抢购速度很快外，更在朋友圈内进行了大范围传播。

[圣诞节]

节前预热： 由光棍节衍生的热度，在光棍节结束后仍然很高，微信群内人群更加的期待圣诞节的活动。

活动主题： 单身女王派对

视光棍节群内的人群类别，定下圣诞活动主题，目标均为20多岁年轻素质高的姑娘，这一群体首先在城市内身处潮流前线，身边的交际圈也相对符合传播特质，容易引起传播效应。

执行： 圣诞节当天在城市内选择适合的场地，每个人200元的会费，用鲜花布置整个会场，当天出席活动的姑娘均为盛装打扮。活动一出，引来众多商家赞助，红酒、牛排、女生的用品等，当天到场参加活动的姑娘们都拿到了很多礼物。活动当天大家一起插花、喝红酒、吃牛排、听音乐，再到看健身教练表演节目，整场气氛非常好，当天这场活动刷爆了全城的朋友圈，刨去活动的花费，最后既有盈余，又得到了非常好的传播效果。

鲜花淡季自造营销案例

节前预热： 冬天相对来说是鲜花销售的淡季，结合实时热点等可策划相关活动进行附加产品营销。借助电影《匆匆那年》的上映及影响，我们组织线下观影团。在当天会给每一位到现场的参与者送一枝高品质玫瑰。

执行： 定好影院场次，并跟影院沟通在电影结束后预留半小时活动互动时间。

朋友圈发布征集消息，约定一起去看《匆匆那年》，在朋友圈引起了很大的响应。活动当天有下大雪的不利因素，加上是自费购票，但当日仍旧到场60多人，电影结束后的互动时间有两个亮眼的暖心事件。

一、一位六十多岁的老阿姨因为一直很关注花福记，也很喜欢花掌柜，所以也跟老伴儿一起报名参加了这次活动。阿姨说上次跟老伴儿一起看电影还是三十多年前，在现场花掌柜准备了一束鲜花给他们，希望年轻人的爱情都可以像他们这样，等到了花甲之年仍旧可以一起去做更多浪漫的事儿。也在现场给很多单身姑娘很大的感触：婚姻宁缺勿滥，宁肯等不能错，这些姑娘们都很优秀，她们的等待只是为了可以找到那个可以托付终身的男人，当场还有人说要把这些话录回去给她们的妈妈听。

二、现场一位姑娘，想跟前男友一起看这场电影，她们分手前约定好要一起看《匆匆那年》，但是当电影上映后，她们却分手了，觉得很可惜。花掌柜说会给她这个机会，给她准备了一束黄玫瑰，让她把想说的都表达出来，这并不是所谓的道德绑架，不是让她前男友跟她和好，而是想告诉所有的人，如果遇到了就一定要好好珍惜，即使在离开的时候也不要为彼此留下遗憾。姑娘亲手把这束黄玫瑰送给了她的前男友，并在舞台上表示之前她太任性了，觉得很对不住他，跟他说声对不起，然后姑娘泪流满面。这时她的前男友上台来并抱住了她对她说"我们和好吧"，也许一份爱就是需要这样一个契机。

两个故事也从此成为了温暖全城的经典，影院方也表示再有这样的活动愿意很积极地配合，整场活动下来只花费了300多支鲜花费用，但是却取得了非常好的效果，成为了小成本大收益的经典案例。

 VISIT 花福记
山东省威海市环翠区统一路53号（物价局对面）
0631-5818928 18963130880

鲜花与色彩

老范是很有腔调的,这是我对花谷联合创始人范江的评价。因为你进入他的每一个花店后,你会发现,每个店都是有花艺的,每个店都是有设计技巧的,同时充满高级感。说白了花店卖的是花,它的价值在花艺,所以加强花艺技能方面的学习,才是重中之重。老范有几家店,每一家店都非常美,品牌运营的也非常用心。重庆是个有魅力的城市,老范是个很棒的花艺人。有时间去重庆,一边吃火锅,一边欣赏老范的花店,很惬意,很巴适!

我们一直坚持的认为，花店没有淡季旺季之分，哪怕万圣节也会是一个可以在繁忙的工作之余与花行乐的好机会。

案例一　记者节

活动主题

今天我们来分享记者节日的案列。每年的11月8日是我国的4个行业性节日之一——记者节。我们在记者节前一个礼拜便开始做好方案，商品以非传统的贸易器皿插花为主推款，此款为2个型号，分别是小号和中号，价格为日常客单价的中等到偏上，打样完成到拍照，再到统一包装及标准留言卡片的定制，我们都尽可能做到方便快捷。然后从各种渠道推出我们的记者节信息，让更多人知道这个节日。

活动准备

在节日前的5天开始，我们开始陆续收到预定的订单，分别有来自集团客户的订单和各大公司对外接洽部门的订单等，客服根据不同区域的收花信息和收花人性别做出安排，做好备注交给制作团队。因为记者节是一个没有假日的节日，多数收花人基本当天都在工作的一线或者单位，所以在送出之前我们会预约收花时间，当事人在第一时间亲自收到新鲜的花的心情和延时转交是不一样的。卡片信息多以感谢为主。

活动收获

活动插曲1：在节日当天下午，一位订花的女性客人在给我们的留言里写到：这么多年，一直都是她先生在各种节日里给她送花，她都已经习以为常，也理所当然的认为就是应该男士送花，今年记者节无意中看到我们的方案，她给先生订了一份花礼，她先生打电话告诉她说收到鲜花非常意外，因为工作性质常常在一线少了对家人的陪伴，动容地感谢她为这个家所做的一切。当然我们也特别感谢这位女士给我们分享的这一份温情、幸福。

活动插曲2：驻渝的一位香港媒体记者通过我们留在花礼上的二维码在记者节后联系上我们，告诉我们她的同事在记者节当天有给她一份花礼，她为此特别开心，身在异乡，她感受到的是入秋之后的温暖。为此，她在同事生日时礼尚往来，也为同事准备了一份特别喜欢的马蹄莲送给她。

根据惯例，我们在活动完成后进行回访，当天所有的订单回访都是满意。整个节日下来，不管是传统媒体还是新兴媒体，从事媒介工作的人是我们无法想象的多。同时也收获很多感谢，当然收获到最多的是那份因为花而产生的繁忙的工作或琐碎的生活之余的喜悦！

例二 传统插花的商业运用

活动主题

随着国家对传统文化的重视加大，我们对传统文化的了解越来越多，东方式的插花艺术活动在商业运用当中我们也越来越多的给到我们的客户。针对我们的集团客户，传统文化的底蕴及内涵让我们的客户有更多深入了解插花艺术的窗口。每一次活动设置一个主题。我们根据每一个集团客户的预算费用，按照24节气做了相应删减，每个月一次的传统插花活动罗列出来。同时罗列了部分两个月一次的集团客户，我们按照6种常用的传统插花花器为题材，以此来安排传统插花的内容。

活动准备

普通插花体验我们多年来一直免费提供给我们的会员。但传统插花的每场活动我们都会在现场做相应的氛围布置，包括音乐的准备，体验花器的购置，以及助理老师的安排，也是需要提前做好准备。

活动收获

通过传统花艺的体验，我们总结的经验是传统插花体验方式更加多样，主题更丰富，和参与者之间的互动性也比现代插花课更强。也是我们和集团客户之间产生的黏性会更加紧密，同时能体现出我们的市场优势。

VISIT 花谷
重庆市江北区江北嘴金融街 16 号
023-67563960 15215091005

静上花开

你坚持，我买单

被百合花围绕的两年

静上花开的老板索静，是索尼的后人，是满族，所以我经常喊她索格格。索格格做生意很大气，她的店多，但是不乱，她有着很好的市场运营能力和洞察力，虽然在一个很偏远的城市，但是，她的店始终和时尚是挂钩的。其实，花店生意好不好，与城市的大小没有太大关系，反而在偏远的地区更容易做出特色，这一点索格格做到了。

静上花开开店至今坚持实行会员管理制度、朋友圈"今日新品花束推荐"、每日一段温暖的黑板报、每周特价花材活动、每年全城免费送花活动、你有故事我有花的活动……

你坚持，我买单……

活动内容

"在静上花开年消费鲜花（不限价格）10次以上且送给同一个人的会员顾客，我们会有客服打电话告诉您关于静上花开@你有故事我有花的活动。只要符合我们浪漫同行的会员友友，在静上花开消费多少就送多少，你送花我买单，我们只找为爱坚持的人。"

收获1

在静上花开刚开店的那一年，有这样一位顾客，一个帅气的小哥哥，每周星期五都会来买一支玫瑰，颜色每次都不一样，直到静上花开二十多个品种的玫瑰统统被买了一遍的时候，他再来店里，我们客服人员直接送了他一束99支最新款黑纱玫瑰，小伙当时有点蒙圈了。客服告诉他，他是本店第一个坚持连续买花半年以上的顾客，花束是我们给的回礼，问他是不是送了同一个人，他害羞地告诉我们，他在追一个姑娘，应该快有希望了。于是我们让他正好用用这束99支玫瑰花束去表白，如果成功了，他还坚持送花，等他结婚的时候，我们免费送婚礼鲜花车和手捧花。小伙开心极了，抱起花就兴奋地走了。再后来表白成功，再再后来，就如所有的美丽爱情故事一般，他们结婚了。我们兑现了承诺。特别备注，他们的婚礼是我们婚庆公司承办的，后来他们经常主动在朋友圈、微博、帮我们推广我们店里的日常活动，尤其是"你坚持我买单"的活动，带来了一大批为爱坚持的浪漫使者。后来的后来，他孩子的满月宴，亲朋好友的婚宴、寿宴，日常花礼都与我们息息相关了，就这样慢慢的我们拥有了越来越多的朋友。

收获2

在静上花开富康店，有一天来了一位特别儒雅戴眼镜的男士，一眼看上去就是那种成功人士的范儿。他问我们有黄玫瑰吗，销售人员告诉他黄玫瑰是致歉用的，再次确定看他是否需要，他回答，对的，就是要这种。当时店里总共有两把，除掉损耗，正好可以做个三十三支，就推荐给他，他爽快地答应了，也没有问价格，放下600元，告诉我们一定要精致，并附着了一张卡片留言：老婆，不求你原谅，就让我们像亲人一样过完后半生。留了地址电话后，男人走了。后来送了花，他们都很满意，再后来，大小的节日，他都会给同一个人也就是他的老婆订花，每次都有一张工整的温暖的留言卡片。等到第10次，我们客服联系他，告诉他我们的活动，他的消费可以免费领一束520支的玫瑰花，价值5200元。他专程到店里来和我们谈置换，说要把这束玫瑰换成20束同等价位的小花束，在三八妇女节那天送给员工。当时气氛有点尴尬，不同意又不合适，既然是我们定的规矩我们就得买单，不能因为换方式就不实现承诺，于是就答应了，但是心里多少有点不舒服。可是真的没

想到，看似吃亏的事情，有时候真的就是福气来临的时候，原来这个顾客是某商会一家知名企业的领导，正因为我们的"舍得"，后来他很照顾我们，他单位庆典、接待用鲜花都交给我们，再后来他成了静上花开的贵人，成了女主人实现花理想路上引路人，以后更加会成为酒泉鲜花使者的贡献者。

每个人都有不一样的爱情故事，能坚持到最后的，必将会成为一生的追忆。这两个案例真正是体现了"有舍才有得"。在工作生活中我们舍得微笑服务，得到的是顾客满意；静上花开舍得送花，看似是赔钱的生意，但是最后得到却是更大的收益。有坚持，有朋友，有贵人，有故事，有舍有得，有花有爱，时光不老，岁月静好，谁的等待，恰逢花开。

静赏花开店内花材

VISIT 静上花开鲜花连锁
- 1. 酒泉飞天数字影院斜对面凯旋苑南门南侧静上花开富康店；
- 2. 酒泉市尚武街29号静上花开欧洲苑店；
- 3. 酒泉市医院后门大禹宾馆右侧拐角处静上花开市医院店；
- 0937-2825520/2829520/2678989

鲜花使者的影响力

莫奈花园，在河南的鹤壁，很多人说我的城市没有那么大的消费能力，但是花哥想问问小伙伴，你的城市有奔驰、宝马车吗？如果有，就说明你这个城市有消费能力。之所以你觉得客人没有消费能力，是因为你没有做出让客人买单的东西，所以不要低估了你客人的消费能力，要学会加强自己店铺的品位和档次，才能吸引更多的优质客户。

莫奈花园花艺作品

光棍节

节前准备

在鹤壁一些高品质圈子做推广。

执行

我们花店一直推出家庭花瓶插花原价1999元,可以在一年内到店领取48次散花。我们在光棍节那天推出家庭瓶插1111元/年的活动,仅限节日当天。办理成功后可免费参加每月一次的花艺品鉴会,并可以成为本店花使。鲜花使者的职责就是对自己身边的人推广本店家庭用花,推广成功将获得10%的鲜花抵用券,每月结算1次。

收获当天成交17单。花使来店领花的时候对所有事物都充满了好奇,拍不停,朋友圈发不停,在她们的市场引导下,半个月的时间她们带来差不多8500元左右的家庭用花,我们也支出了1000块左右的花材费用作为她们的奖励,当然还有很多人在她们的带动下直接来店购买的,没有算成她们的业绩。

注意

推广这种活动有一个前提是店内的花的品种绝对多,新鲜程度绝对好,更新绝对快,花使来了之后就像逛花卉市场一样。如果说鲜花的损耗一点没有是不可能的,我们除了店内正常销售,每年跟婚庆公司上合作的花车(600辆左右)让这些损耗可以更好地变现。

通过这个活动花店的客流量和品牌价值提升速度很快。

VISIT 鹤壁市莫奈花园

河南省鹤壁市淇滨区淮河路中医院

0392-2188886　15903926650

鲜花沙龙活动

第一次到银川，到的第一个花店，就是绿波，后来绿波改名成镕妃，我们管老板蔡镕妃叫「娘娘」。娘娘做事很霸气，店也很霸气，我们去的那个晚上，我数了一下地下有五六十个第二天即将送出去的订单。我很惊讶，因为第二天不是节日，也非节假日，然后娘娘跟我们讲，他们平常日子的订单就是这么多。做事有格局，讲究细节，同时能够抓住行业发展最关键的东西，这些镕妃都做到了，所以生意自然不会差。

光棍节营销案例

节前准备

光棍节活动前一周线上开始预售,节日当日线下门店销售,此款产品作为主打产品。光棍节前,在我们建立的花粉群推广活动,群内人数达200多人,进行群内预热,提升好友活跃度。

执行

光棍节当天推出活动,充值111元可以抵用200元,每人仅限3张,购买店内所有产品可以累积使用。在群内推广扩散,引起强烈的反响,除了客流量很大外,顾客更在朋友圈内进行了大范围传播。

鲜花淡季营销案例

客户充值置换成送花瓶

冬天相对来说是鲜花销售的淡季，结合线下店铺等可做相关活动进行附加产品营销。借助市场家庭花的消费需求，我们组织会员充值活动，活动价格在300~500元之间。充值的会员客户可携带自己的花瓶免费参与由花艺师现场设计的瓶花的优惠。还有凡是购买本店花瓶的顾客，可置换同等价位的花瓶。花瓶要求完好无损，如价格不等，本店以鲜花来补。在当天我们会给每一位到现场的参与者送一只花瓶。

感恩节沙龙

"岁月总是这样吹皱了容颜，吹散了茶香，我想一直陪着你……"借助感恩节前后的余热，我们组织了DIY沙龙手工插花课。当天有的客户带着自己的妈妈一起体验插花课，还有带着自己的宝宝一起来的妈妈。活动流程如下。

1.DIY沙龙开始之前，由花艺师进行简单介绍"镕妃花艺"的品牌理念并自我介绍，并回顾了上期内容，背景屏幕播放上周花艺DIY课程的图片。

2.工具准备，根据到场人数按照名单发放花材及用具，在发放物品时，花艺师需讲解。

3.开始制作，由花艺师全程带领完成产品制作，完成的作品可带回家。如果时间充裕，可继续教学备用产品。

4.中场休息，因为是感恩节，我们的花艺师还特别准备了适合宝宝的舞蹈、感恩手语等。

活动结束，参与活动者当日只需拍摄现场照片发送至朋友圈，并集64个赞，即可获赠下一期镕妃花艺美学馆DIY花艺课VIP券（仅需19.9元），和荣恒·星星小镇购物中心奇趣玩国儿童乐园淘气堡VIP券（仅19.9元）。

镕妃花艺店内

 VISIT 镕妃花艺
宁夏银川市兴庆区利群东街 52 号
0951-6036557 0951-6017001

玩转线上
没有实体店也能开花店

天妈本身不是花店老板,所以在花店运营这块,我经常调侃,你没做过花店你怎么知道?但是,去年开始天妈开始卖花了,而且卖的非常不错,俗话说不入虎穴,焉得虎子。天妈在成功的成为了一个花店老板之后,花店运营真的是拿捏到了7寸,抓行业的痛点非常的准确,而且以身作则,组织了多场鲜花团购,精准定位,准确出击,客户画像清晰,活动目的明确。从采购、推广、销售,到配送,一气呵成,最大的原因就是:天妈对这个行业,进行了彻底的分析与判断,同时结合行业发展的规律,作出了一系列的计划,跟上了形势,也就永远不会被时代所淘汰,天妈,你是最棒的!花博说

感恩节社群团购会员介绍案例

天妈,鲜花社群团购最早的探索者和倡导者之一,自2017年年底接触到家庭鲜花社群团购的营销模式,便开始研究、探索和实践。

2018年4月,组织了全国20家花店,以"玩转芍药季"为主题,做了为期一个月的社群团购小白鼠测试项目,帮助20家花店从精准建群、社群运营、商品设计、营销活动策划、货源组织、售后养护指导,一步步摸索实践,找到了一套鲜花社群团购的可复制的方法。

为了获取社群团购玩法的一手经

验,2018年5月,天妈自己创设了"一团花色"的鲜花团购群,身体力行做家庭鲜花的社群团购,截止发稿,天妈在自己的团购群成功发起20次团购,群人数从最初的20人到80人,销售额从第一个月500元到11月,单月销售额突破24000元,并在感恩节,首次尝试小程序充值活动,充值会员25人,其中老客人充值15人,新客人7人,激活沉睡的客人3人,充值金额达10000元左右,活动成本450元。

活动背景

在连续做了十几次团购,基本每次的团购人数和销售额都比较稳定了,稳定的另一层含义就是遇到上升的"瓶颈":

如何突破客人的人数和销售额?

如何让老客人复购,并提高购买频次?

如何吸引新客人,并产生转化,然后成为老客人?

思考之后,天妈想到的办法是"充值"!这在很多行业已经被成熟应用的营销手段,在花店业运用不多,这和以往花店都以节日花礼为主,过于低频消费有关,不适合用"充值"的商业模式。但对于家庭鲜花,消费特征是"高频"的,且以女性客人为主,"充值"应该是非常适合的"圈住"客人的方式,尤其对于已经有了稳定的老客人基础、有良好口碑的花店。天妈自己评估了一下,通过十几次的团购,在老客户基础和口碑上也算打了点基础,于是决定利用"感恩节"这个非常好的主题,来做一次充值活动,达到"留存"老客户,"吸引"新客人的目的。

活动方案

以感恩回馈新老客人为理由,做充值送的活动。

送什么,是活动能否成功的要素!

一般来说,充值送无非就是送金额,或送实物,或两种一起送。

天妈测算过自己以往团购的利润率,因为团购的定价不高,送金额的力度没办法做到很大,这样吸引力就会打折扣。于是,我们选择送"花",而且是群众基础好,但又不太常见的花,这样才会足够引起客人的关注和充值冲动。正好当时有一批'海洋之谜'和夜

瑜伽馆建立更深的合作，借瑜伽馆的场地和客人资源，为自己今后的花艺沙龙课找到免费的场地，同时瑜伽馆的客人也是我社群团购非常精准的潜在客层。（在天妈的课程《社群团购，小花店玩得起的新零售》如何精准建群一课中，会详细介绍如何利用瑜伽馆的资源，找到最初20个精准种子客户的案例）

活动执行

第一步：群发活动和美图，锁定第一批客人。

活动方案制定好，执行过程比较简单，先制作一张活动海报，充值工具就是利用乐墨小程序的余额充值功能（这个功能是免费的哦），然后在团购群里公告活动海报，并轮番"轰炸""海洋之歌'和夜莺的美图。很快第一批的老客人就被送的礼物吸引，爽快地充值了。

第二步：私信有购买记录但没有充值的客人，点对点进攻。

在团购群里轰炸了几轮活动方案后，及时看到信息，对活动感兴趣的客人都充值了，我统计了一下12位客人，都是平时团购最积极的那批"铁杆粉丝"，达到我的预期。

接下来，我分析了一下其他没有充值的客人，很有可能是没有及时看到群内的消息。因为群消息有个很大的弊病，就是容易下沉，尤其是群里交流比较热烈，一会儿就几百条信息过去，很多客人懒得爬楼，就会错过信息。

于是，我就根据以往的团购记录，对有过购买，但没有充值的客人，进行点对点的私信活动信息，这一轮后，果然有三位老客人完成充值。

莺的基地货源，价格合适，拿来做充值送的活动，性价比很不错。

于是天妈设计了以下的活动方案：

预存299元，送价值49.9元的紫玫瑰10枝。

加1元，预存300元，升级到价值150元的感恩花束DIY沙龙。

做花艺沙龙，其实主要是想和一家

第三步：鼓励老客人转发介绍活动，吸引新客人充值。

通过第一、二步，成功留存了老客人，于是就想到是否可以"利诱"老客人来介绍他们周围的朋友、同事，参加充值活动呢？基于这个思路，我在原有的活动方案上又加了一项：介绍新客人充值，双方再各加赠澳洲蜡梅一支。

而澳洲蜡梅正好是我用来做下一期团购的产品，和赠送的紫玫瑰搭配瓶插也很美，这个加码的赠品对一些老客人很有吸引力，于是主动帮我推荐和介绍了我感恩节的充值活动，成功介绍了7位新客人充值。

活动总结

这次感恩节的充值活动，是第一次尝试，效果还是令自己满意的。总结了一下活动成功的原因，以下几条，值得参考：

1. 有了一定老客户基础和口碑的花店，充值活动更容易成功。

2. 充值对象以家庭鲜花的女性客人为主。

3. 首次做充值活动，充值门槛不宜过高，需要有信任建立的过程。

4. 充值送的福利，实物比金额可能更直观和吸引眼球，实物要选择有吸引力的品种。

5. 鼓励老客人介绍新客人充值，是"拉新"的捷径。

6. 确保客人能看到活动信息，群公告+私信都需要。

 VISIT 一团花色
13331935103

通过沙龙课，贩卖美好的生活方式

甘肃万家鑫是一家连锁店，当家人谢薇是甘肃花卉行业的领军人物，但是在花店运营这一块，谢总把很多特权都交给了自己各门店的负责人和小伙伴儿。我去过万家馨所有的店，员工有亲和力，有执行力，客户的体验非常好，而且他们对于沙龙课程的、运用特别的规范，三八节的时候，很多花店因为花艺沙龙忙的焦头烂额，怎么报价怎么谈判，真的是丈二和尚摸不着头脑，但是万家馨家的花艺沙龙课专业、规范、全面，让客人听了，容易变成他们的粉丝和客户。

在这短短的一周里,万家馨花店管理有限公司6个店面共同接待了21个单位30几场DIY花艺活动,出动花艺讲师12位。在此次培训活动中,主办单位和花艺讲师能够协调互动,花艺DIY活动结束后同学们的反响普遍不错,每场活动都是双方在互动沟通后的安排,从讲师、花材、工具到现场我们都是精心准备……

活动流程安排

主题"×××三八女神节DIY花艺活动"

内容

主办方开场致辞;茶艺表演及培训知识讲座;老师自我介绍;老师讲解PPT;色彩及插花理论;讲解花材;作品制作演示;学员动手制作;老师及助理巡场指导;挑选出3~5名好的作品;主办方安排发放奖品进行鼓励;可挑选3~5名代表发表活动感言;主办方结束致辞。

注意事项

主办方根据参与人数准备场地;现场投影仪、话筒、音箱;提供工具;提前3天确定人数以确保协办方准备材料;花艺作品可带走;需提前支付活动总款项的50%;活动结束后支付剩余款项;发票为专票。

三八节DIY活动期间,我们推出了花篮换花瓶的活动,客户响应度超高,活动当天很多人诉苦说花篮留在家里无用,挺浪费的,大家都迫不及待了。换取时间我们定在节后一周以后的10天里,同时我们还推出了特价花活动,客

万家馨花店工作人员

人来换取花瓶的同时会购买一些散花或特价花，顺便留了联系方式，加粉丝群，记住了花店的地址。这个时候，花店已经不是在卖花了，而是在贩卖美好生活方式，这样的方式，才是能够得到溢价的，让客户真实的感受花店的温度和服务。

小结

花店在上花艺沙龙课的时候，不应该只是一个卖花的格局，至少应该是教技术或者教技法，花店上花艺沙龙课程，更是一个向客人传播花艺文化的途径。

一些做得好的花店，已经通过花艺沙龙课，逐步让客人步入到对审美、对文化以及对美好生活的理解。这一切都跟消费者在淘宝上买一束花的感受是完全不一样的，消费场景完全不同。

也只有线下属性的花艺沙龙课，才能给客人更强的体验感。客人通过自己对这些花花草草的抚触和修剪，通过自己的双手去完成花艺作品，亲身感受到鲜花对于自己生活的意义和价值，这才是花店人的终极使命。

总结

正是这样人对人、面对面的传播，才最有效、最直观、最能够产生黏性。

每一个参与传播花艺文化和美好生活方式的你。因为你的不懈宣传和努力，让更多普通女性能够感受到鲜花的多样性，看到了鲜花带给自己的愉悦和美的体验。

VISIT 万家馨花店管理有限公司
甘肃省兰州市城关区南昌路 801 号
13919103029

我的故事，你的花

花二姐很贴心，每次你看到她的时候，她的脸上总是洋溢着灿烂的笑容。我觉得这是花二姐运营花店最好的武器，因为没有人会拒绝微笑。花店是给人们传递美好的，所以花店老板的一颦一笑、一个眼神给予客人的感觉都是至关重要的。我觉得如果哪一天我到了花二姐的店，我一定会非常信任她，她给我推荐的花品，她所说的价格我绝不还价，因为她的笑容给了我最大的信任，其实有时候你和你的客人之间，就是缺了这一份真诚笑容的传递。

潜移默化的教师节营销

教师节，我们通过教师感恩的形式，寻找朋友圈的老师，把她们集合在一起，然后赠送上一份小花礼，感恩老师的辛苦付出！

在这过程中，我们没有特意针对性的去做花礼的市场营销，而是经过这样无形的朋友圈活动去潜移默化地影响：教师节到了，我们需要为老师预备花礼了。当然最后我无形中也收到了很多关于教师节花礼的订单。

如今顾客上门买花的越来越少，我就用花艺课堂、闺蜜趴、储值会员捆绑式来加强与顾客之间的黏性，网络上再熟悉也抵不上见面三分熟的朋友式交流，当活动越来越多，与客人之间的亲密度就越来越好，感觉粉丝也就慢慢在蔓延……

花二姐游学记

为身边同行伙伴们谋福利，外出学习回长沙的路上，一路兴奋的计划着邀请线上讲师天妈、空间魔法师曾古老师、花艺冠军章玲老师进行一场《梦想改造花店》全国路演长沙站活动。

店铺管理、团购案例分享、美陈、店铺软装、花艺技术是目前我们整个花

一定要找到，
那个能让你的心静下来的人，
从此不再剑拔弩张、左右奔突。
一定要找到，
那个能让你的心精进起来的人，从此万水千山、世世生生。

店最急需解决的痛点，组织邀请大咖来长沙进行分享，在家门口节约了来回的车费、住宿费、餐饮费。可以举办多场类似的游学沙龙，不仅让开店的人学会美陈自己的花店，还能吸引顾客消费花材、绿植装饰进行家庭美化。

折折腾腾这么多年，我们终于挖掘到属于自己想要的花店模样。与"你有故事，我有花"主题结合，在教学中你可以通过花艺的设计或花材的选用来诉说心中的故事或是把心中的故事说给某个人听。感恩感谢一直陪伴身边的你们。总能在最需要支持的时候，都会义无反顾的给予帮助和大爱！感恩生命，感恩美好，感恩身边亲爱的你们，谢谢有你，爱你们哟！！

 VISIT 花二姐的店
📍 湖南省长沙市雨花区井湾路雨花实验中学让花二姐的店
📞 13647432666，.0731-855092122

FLOWER CHILDE
花 公 子

周年庆里隐藏的商机

美！是我对花公子最虔诚的评价，从人到店、到产品，无处不在诠释着这个词。娄底不是一个一二线的城市，但是花公子却是国内数一数二的好花店，从店铺的设计装修，到产品的制作，甚至是每一张卡片的设计，都凝聚着当家人艳艳的心。进入花公子，你还会感到一个词叫做品质，在意的绝对不是价格，而是品质，其实我常说客人的眼睛是雪亮的，你提供的产品和服务，是个什么层次？是个什么品位？他们比你可能更清楚，所以不要再去纠结那些做低端生意的花店，你们如果在一个平面上，竞争的只能是价格，如果你跳出了价格竞争，而更多追求品质的话，他对你只有仰望，这一点花公子的艳艳，做得非常棒！

花野琨

周年庆

节前准备

本次活动的目的,第一,的确为答谢忠实粉丝对我店20年来的支持。第二,作为一家有20年历史的花店,我们目前要做的不是继续扩张自己,而是要更加注重品牌的影响力,加深品牌在顾客心中的印象,让有意向要买花的客户第一个想到的就是——花公子。

活动时间

2018年12月15日-12月17日(三天)

1. 提前30天准备活动方案(免赠、满赠、加购、抽奖、折扣、会员充值)

2. 提前20天准备活动物资:资材、花材、赠品、奖品、宣传彩页等。

3. 提前1周朋友圈宣传和互动。目前我们线上这一块主要以微信朋友圈为主。①在朋友圈收集20年来的老照片,唤起大家的回忆,引起共鸣。②前期彩页宣传频率不能太高,和其他产品一起宣传。③活动前三天高频宣传:活动彩页,赠品图片,奖品图片,活动参与方法,活动介绍等等。

4. 零售产品款式设计。包括鲜花、植物等。

5. 活动前两天小程序引流方案及商品上传。

6. 检查所有资材和商品以及人员岗位安排,及其他应急方案。

7. 活动氛围布置。

8. 活动信息群发、客户群单独维护。

9.活动最后一天有VIP答谢晚宴，所有物资及人员必须在活动开始前一起准备到位，包括空调测试、音箱话筒、甜品台、摄影、嘉宾手腕花、伴手礼、签到墙、氛围布置等。

10.VIP邀约主要是人员确定，着装要求、沟通话术确定、邀约方式、邀约时间，及再次确定到场，特别VIP注意事项等等。

11.内部人员着装、音乐曲目、活动流程、开场、致词、接待及送宾的注意事项及准备还有应急方案等等。

执行

活动第一天，小程序引流方案推出，瞬间引起强烈的反响，除了产品抢购速度很快外，更是在朋友圈内进行了大范围传播。进店惊喜礼品我们以更健康的玻璃水杯和Ins风小植物为主（玻璃水杯转发朋友圈免费赠送。原价59元的INS小植物转发朋友圈可9.9元加购。）选择INS风植物，是因为INS风目前备受年轻人追捧的风格。 活动三天，现场人流爆满，会员充值及续充增加，所有小植物三天抢购一空。

答谢晚宴

执行

提前1个小时闭馆，停止对外接待；所有工作人员按要求着装；VIP到场后专人接待；严格按活动流程执行。

总结

活动三天，效果明显，目标顺利达成，会员人数增加，品牌印象加深。 在愉快的VIP答谢宴中结束我们花公子的二十周年庆！

 VISIT 花公子花屋（花公子 FLOWER CHILDE）
湖南省娄底市长青中街 321 号 / 湖南省娄底市新科街 2 号
0738-8316987 0738-8816987

维系老朋友，结识新朋友

花里的叶子是个男人性格，做事风风火火，而且属于那种特别能吃苦，能打硬仗的老板娘。但是叶子的心非常细，从她店铺的陈列，到她做过的一些活动都可以感受到。叶子的性格很率直，所以非常容易跟她的客户打成一片，叶子很阳光，她的团队也是如此。其实开花店很美好，懂得经常给自己一个微笑！

经营案例

我们花店处于花卉市场里面，价格也是非常亲民的，注定会累一些，因为多数是客户推荐和花市客流，所以每天都是有事情可以做的。稍微闲暇的时光，我会带着客户一起在店里做花，有时候免费，有时候收费，多数节日的时候都不收费的，单纯的享受一下花草带来的愉悦感并且学习些技能，也不害怕客户学得多了会丢了饭碗，因为喜欢花的人基本上都是很可爱的，我爱他们，犹如他们爱我。很喜欢这种感受，一直

持续着，并且店内的特价团花销售我从2014年就开始啦，从未停止过，每天都有！他们习惯了买花，很有成就感和幸福感！我们会一直持续着保持这种状态！

带客户在店里做花

客户的主要来源是老客户。因为场地有限和考虑到每位学员的操作可以给予更多的指导，每次人数大概在5~8位。

活动内容每期课程安排不同，比如餐桌花，伴手礼小花束，提篮花盒等。我们不定期开课，通过花店顾客会员群和微信朋友圈来做的宣传。收费的标准是每次活动的成本价，根据本次课程所使用材料与内容难度有关，一般在158~238元每位。

多次活动下来我们巩固了和老客户之间的感情。

特价团购花

我们花店会定期推出特价花团购活动。主要利用微信小程序、会员团购群、微信朋友圈宣传。花材种类也不确定哪些花材质量好性价比高就团购哪些种类。

货源来自昆明基地，玫瑰原价40元20支/团购25元20支。可以通过小程序下单快递发货或者到店自取。每次的团购活动会吸引到一些新客户，也巩固了老客户的之间的关系。

 VISIT 花里
安徽合肥市蜀山区海卉花市北区 1408 号
18855108500/18815609126

那些花事 The Flowers

游学中的营销秘密

Queen是放弃了年薪50万的工作而投身花店的,很多传统花店老板听说后,心里可能会嘀咕一句,有什么想不开的,这么高的年薪不拿,去开一个花店。但是Queen开花店也很赚钱,原因是什么?那就是她对自己和品牌的定位很准确,方向很清晰,规划很系统,公司是应该做什么?应该往什么方向走,有一张完整的战略规划图,而不是胡子眉毛一把抓,觉得喜欢都去做。

Queen是一个追求高品质生活的女子,翻抖音找那些花事就能发现这一点,再去看看他们设计的课程,也都是跟时尚紧密相关。谁说开花店不赚钱?那要看怎么开。

花事说

那些花事的花艺游学从2018年5月14日开展第一期以来，至今已有七期了。

宣传标语：这是一次带着花艺师、彩妆师、甜品师、摄影摄像师的定制宴会；是一次关于你和花的旅拍。

学员来自五湖四海，我们去过山崖、海边、盆地、沙漠……

很多人会问：为什么想要做花艺游学？

大前提是觉得苏州乃至江苏目前流行的室内婚礼越来越没有新意：用大把仿真花，照片滤镜用到完全看不出花材，只能看出整体造型。而鲜花布置可以呈现出的色彩，细节是完全不同的。当然预算也会高，婚礼的形式也局限。那么我们是否可以做小型的比如订婚、生日、告别单身、工作室开业等小型的宴会花艺设计呢？

我们在做花艺课程教学的时候也会有店内的宴会设计，但是场景重复单一，并不能更直观的作为案例呈现。

花艺游学选择自然环境与室内设计兼具的民宿，实地呈现宴会花艺的美好。

当然，理想是丰满的，开展起来还是有很高的难度的。打个简单的比方，光是把花和物料运上山、送进沙漠就是挑战了。

民宿的甄选、花艺的设计、行程的细节、影像的呈现、团队的配套……都很重要。

腾格里沙漠游学

这是一波难度系数七颗星的操作，也将是所有参与这次活动的学员以及工作人员最难忘的经历。

行程制定与对接
难度★

2018年4月，了解到宁夏中卫的黄河集宿，始于西坡的公众号推文。仅凭着推文中展示的自然风光与民宿的设计效果，在心中深深种草。又着迷于它旁边的腾格里沙漠，于是列为我们游学必须打卡的目的地之一。

于是我找到了苏州区同程旅游目的地营销部门的CEO，她也是花事的VIP客户。她为我找来银川当地的同事对接跟进此事，我们成立了一个微信群"沙漠游学定制"。

11月29日收到西坡公众号正式对外推介"西坡中卫"的推文。我主动联系了"西坡中卫"的管家，一步步沟通落实行程。鉴于当地的天气以及过年的原因，把时间定在了初春的4月。

体能与时间赛跑
难度★★

前期规划：民宿的住宿档期、场地使用、物料供应、物流、交通、餐饮等。

旅行社的接送机，接送民宿、沙漠里的交通，物流，餐饮，项目制定，学员的旅行合同等。

花艺设计、花材物料预算；摄影师选择与档期预定；服装造型商户选择与预约；联盟商家的赞助邀请；各项成本的核算与招募推文海报的设计。

这一期的游学跨越宁夏与内蒙两地。场地类型有陆地、沙漠。沙漠里的行程需要满足学员体能、拍摄需要、趣

味性、舒适性……

学员多数来自江苏，到中卫没有直飞的航班，需要到银川中转，且可选航班不多。既要考虑活动的周期与成本，又要考虑学员的舒适度。

沙漠里的行程为：①大巴从民宿接驳到通湖草原。②观光车送至骆驼基地。③骑骆驼走进沙漠营地。④用餐及花艺搭建与拍摄。⑤越野车送出沙漠。⑥大巴送回民宿。做到体验各种交通方式并完成花艺大片拍摄，且无需步行消耗体能。

行程设计精确到小时，需要旅行社的高度配合。但民宿并不与其他机构合作。

花材与物资的物流问题
难度★★★

花艺设计部分覆盖民宿的下午茶、晚宴以及沙漠里的布景。

首先想到西坡的市场部或中卫的婚庆公司。然而西坡只提供收费的场地与物料租赁且费用高昂，也没有当地合作的婚庆公司；物流方式也仅限于顺丰。

应对方案：干花及小型物料顺丰发货，鲜花及大型物料找银川的花店帮忙。于是，有幸认识了当地的思慕和她

那些花事沙漠游学

餐桌花布置

的花店。开启了远程沟通与物资协调。思慕对我的帮助非常大,每一种物料尽可能去租借或者购买、核对;每一种花材去协调当地有限的供应商代采购,实在没有的我就顺丰发往民宿。但困难在于如何把物资从银川运到中卫民宿,再从民宿运往沙漠腹地。这里我想感谢所有的学员,让我的大型物料通过大巴一起从银川运到中卫民宿及沙漠入口。期间,民宿需要用到的物资通过三轮车转运到宴会场地,我们的摄影师既是视觉担当又是体力担当。沙漠需要用到的物资则是通过当地牧民的大卡车以及越野车拉进去的。而搭建与清理工作则是所有学员配合完成。

拍摄与视觉呈现
难度★★★★

摄影团队的选择非常重要。①时时更新每个环节的活动花絮照片与视频。②需要拍摄学员的个人写真与合影。③需要拍摄花艺的细节与大场景。④需要在活动结束后有整场活动的纪录片……这些,我们需要不低于3机视频+2机照片来呈现;需要有摄影师具备快剪快修的能力;需要摄影师有户外婚礼拍摄经验、有婚纱写真拍摄经验;需要他们整体协作更好的来呈现我们的游学;还需要他们有足够的体能、现场应变调整的能力,需要有器材损坏的心理准备……

为了更好的视觉呈现,学员造型与花艺造景的协调非常重要。我们每一期都会根据场景来设计服装造型。而这一次,难度在于沙漠行程中必要的造型切换。我们不可能让学员穿着晚礼服骑骆驼,不可能让她们不做防晒长时间穿着礼服,更不可能不顾她们高矮胖瘦个人喜好强制穿礼服。所以,我们带上了服装造型师、彩妆师、足够款式与尺码的礼服备选。色系也统一:黑或者红。在沙漠里我带领几个有经验的学员快速搭建帐篷,而其他学员在帐篷内快速化妆造型换衣服,最后共同参与拍摄。

学员招募问题
难度★★★★★

时间问题

我们把每一期游学的时间选在工作日,避开了周末或节假日的出行拥堵,也避开了高昂的房价机票;可以有机会包下整栋民宿,专属感、舒适度、专注度都会提升。但是也面临很多在职想参与活动的学员时间无法匹配。

生源问题

招生面向全国:有需要学习宴会花艺设计来累积经验的同行;有喜欢打卡网红民宿、品尝当地美食的旅游爱好者;有需要参与个人或商业旅拍的商家;也有说走就走只因信任我们顺带放空自我的花事VIP。而这期沙漠,会面临暴晒以及皮肤干燥,也可能会被风沙吹到灰头土脸。的确,招募没有那么理想。可以说去的都是真爱粉了。

价格问题

为了达到更好的效果,民宿需要有天然环境的映衬、独特风格的设计、星级酒店的服务。花艺设计需要结合实地环境,也需要有教学意义,很多物料属于量身定制一次性使用。为了行程的舒适程度,出行的时间段和交通方式也是我们需要考虑的,比如15人以上,33座大巴起。

花艺游学的项目，本着赚名不赚钱的初衷开始的。迄今六期，这次沙漠，即便我的配套服务商们都提供了优惠的合作价格甚至没有收取费用，但由于场地及物料租借、物流、工作人员差旅费用等，最终贴了近2w去完成。也由于体力精力问题，这是第一次走进沙漠，也可能是最后一次。相信所有参与的学员都感觉超值且有意义。

突发状况应对解决能力
难度★★★★★

很多时候会有一些突发状况。

比如第二期：人到了目的地，说好的西装造型，把西装忘在了苏州，于是2千多的滴滴费用连夜送过来（钱能解决的问题不是问题）。

比如第三期：其中一位学员手机勿扰睡过头，所有人干等半小时后出发，她独自一人火车转出租车连夜赶来（自己能解决的问题不麻烦别人）。

比如第四期：成都民宿上空是机场管制区，我们的航拍设备无法正常使用，直接坠落擦伤了学员的家属但完全没有被责怪（能够理解的多多包容）。

下面来细数这期沙漠游学的各种小状况。

中外游客身陷困境

我们这一期有来自乌克兰的学员，即"中外游客"的由来。导游与民宿沟通得知前往民宿的道路在整修，但我们的大巴车可以通过。于是一路颠簸到让大家一度怀疑乘坐的是"西北第一越野大巴"。司机师傅也是无奈，全程不能汇车更无法回头，两边的树叉刮伤了车身最终因为选择的路线车身无法通过而被迫停下。大家等待着民宿的管家来接驳，然而所有人表示理解，也没有人抱怨，反而下车拍起了风景，好在后来管家带了一条导航以外略宽敞的路，加上师傅胆大心细的驾驶技术，安全抵达。（安全为首要，要选择正规公司的交通出行，遇事的心态也很重要）

航拍飞机"遇难"，花事人称"飞机黑洞"

我们伟大的安生老师原计划带去沙漠的航拍飞机，于出发前两天帮我拍摄花店宣传视频时在腾飞附近坠机、失踪……怪兽老师的飞机也多灾多难，在成都被坠机；在中卫被高挂10米树杈，找来当地身手矫健的师傅连爬带挑的安全取下，完成民宿内的所有拍摄。也在腾格里沙漠记录了很多美好，但因持续高温运作导致无法使用，目前已返厂修理。（好的摄影师都有匠心，一切以拍出最好效果为前提，不惜牺牲设备：珍爱飞机，远离花事）

饮食文化差异

这次游学学员中有来自乌克兰的外籍学员，对于西北的地方特色菜无法适应，于是面包水果泡面撑完沙漠行程

这次也有信仰不同的穆斯林学员，饮食要求清真，而中卫基本是汉餐。同样靠着零食撑完沙漠的花艺学习。恰逢她的生日，我们当地有爱的小伙伴买来了清真的蛋糕，共同拥有了一段美好回忆。（真正想要参与学习的学员，是不怕辛苦的）

骆驼"拒载"泰迪

我们这次来自银川的思慕有一只到哪儿都带着的泰迪，它出现在我们的照片里，增添了生机和美好。但在景区被工作人员禁止带上骆驼，怕骆驼受惊发生危险状况，大家僵持在太阳下暴晒半小时，最后留在了门岗，由导游陪同。（一切以大家的安全为首要前提）

集宿餐厅"坐地起价"

中卫的集宿只有一家餐厅来配套所有的民宿，于是在行程制定前就对接了用餐事宜。谈妥了外宴的餐标以及免费提供桌椅。结果餐厅以人事变动为由，先是拒绝提供桌椅，让我们去找西坡付费租借；争执后以无人搬运为由收取了事先没提及的搬运费得以解决。再是拒绝提供宴会布置需要的酒杯，必须饮用酒水后提供；直到活动开始前两小时，告知没有收取外宴的服务人员费用，所以安排了员工休息，没人服务。让我们要么自行提供服务人员或么找西坡帮忙，要么付费找临时工……一家独大仗势欺人的感觉真心差。感恩学员理解我的不易主动提出加钱搞定，不要让我为难，但最终我还是自行解决了。通过现场交涉，餐厅经理拿出诚意，自己带领厨师充当服务员，且菜品口感相当好。三天的餐很惊艳，赢得了大家的肯定。（有理有据无需委曲求全，民宿价格同或高于星级酒店，服务配套也有待向星级酒店靠拢）

学员的感受
难度★★★★★★★

这第七颗星是学员和工作人员参加完游学的感受，也许他们在这次游学中会遇到的困难或者不如意的地方，我需要逐个沟通，让我们更多方面的来看待自己，调整，优化，再出发。

花艺作品展示

 VISIT 那些花事花艺工作室
苏州市工业园区星汉街 5 号腾飞新苏工业坊 4 号楼 108 室
15950990111

商场里的花店也不难开

活动聚人气

去了西安一定要看西西地，就像一定要去看兵马俑一样，颜值高，从老板到店员，到产品，西西地都做到了。认识西西地是在微博上看到的，所以到了西安的第一站，我就去了西西地，果真没有让我失望，真的是将花艺和店铺陈列做到了极致。西西地的团队是一群有想法的年轻人，敢干、肯干、能干，商场开店不容易，但是，西西地是个好的榜样！

万象城一楼中厅母亲节商场会员花艺沙龙活动

万象城西西地花店位于商场一楼中厅旁，于2017年4月底开业。基于刚刚开业，店铺需要宣传，故和商场合作做品牌宣传，于5月母亲节当天在一楼中厅位置合作两场会员花艺沙龙体验活动，活动为付费活动。

会员的来源

西西地通过线上渠道进行品牌的宣传和营销活动，将顾客引流至门店，并在门店以标准的接待流程将顾客进行转化和服务。

地推活动、品牌跨界合作、店内日常引流活动，提高门店客流量及关注度，节前大量吸粉引流，最终实现会员

转换。

如何收费

会员体制的建立和不断完善，是每一个品牌花店最应重视的工作。

做好会员数据管理、会员分析、销售数据分析、每期节日分析、会员服务和会员价值的不断提升，才能锁住会员。

产品价格体系：7∶2∶1，70%的主力商品，20%的高价格区间商品，10%的低价格引流商品。

收费标准根据门店定位不同也有不同的价格区间，西西地品牌连锁门店在高消费客层居多的门店，主力商品价格区间在300~400元之间。

中端客层为主的大客流门店，主力商品在230~330元之间。

宣传部分

万象城场外两个LED屏，活动当天循环播放西西地品牌宣传图。

营销是花店未来发展必不可少的核心板块，宣传仅是营销的一部分。在市场环境激烈竞争的当下，营销模式决定了你的生存周期。

营销根据时间段、会员保有量、门店位置、市场环境、甚至营销目的的不同，有非常多方法和渠道。

地推活动、品牌跨界合作、店内日常引流活动都是有效的线下宣传方式。线上宣传推广方式包含：微信公众平台有效输出优质内容、国内社交平台：微博、小红书社区日常宣传，吸引粉丝。

活动内容

母亲节当天活动为两场 都在下午客流量最大的时候，围观的顾客很多。

活动分工明确，有花艺主讲老师，拍照人员、现场助教及活动场地外围做品宣的员工。

现场制作的花艺作品分别为自然

系杯花及韩式手提篮，贴合顾客日常使用、美观又方便上手制作，从活动的角度来说也方便控制成本。

每一场沙龙体验顾客为二十组，由万象城邀约会员顾客参与体验，每场围观流动顾客也基本都在数百人以上，对于门店来讲当天做足了品牌日常宣导。

到场顾客认真地听花艺老师的讲解，了解每一种花材和花语，精心制作独一无二的作品，我们也为到场的妈妈们带来了一场精彩的花艺体验。因为活动场地距离店铺较近，也很好的为店内的销售做了引流。

VISIT 西西地花艺

- 雁塔区科技路 305 号西安大都荟 2 号楼 L213
- 029-87306734
- 雁塔区芙蓉南路曲江金鹰一楼西北门
- 029-89832625
- 碑林区长安北路 SKP 购物中心负一层
- 13572945203
- 西安市碑林区光大南路朱雀花卉市场
- 029-88601461
- 碑林区太白立交印象城星巴克旁
- 029-89565070
- 未央区三桥路西万象城 3 号门一层 L1-158
- 029-89599788
- 雁塔区曲江大悦城 B1 楼 43 号大中厅旁
- 13289217600

这一家花店，不止贩卖美丽

美麗賣花公司

谁说开花店不赚钱，你可以用这家店的案例来怼他，那就是美丽卖花公司。优越的店铺地理位置，别具特色的南洋风装修风格，店里种类丰富、品相上佳的各种花材。关键是，店里无论是鲜花，还是周边产品，价格都很亲民，做到了真正的物廉价美。所以店铺一开业，便吸引了大量优质粉丝。站在顾客的角度，在美丽卖花公司，既能以便宜的价格买到品质好的心仪的鲜花，又能在逛店之余在店铺营造的特色风格美学与花花草草的陪伴下，放松身心，得到赏心悦目的体验与享受。这样的花店没有一批死忠的铁粉都难。现在美丽卖花公司正在全国开放加盟连锁，如果你所在的城市正好有美丽，不妨去看看！

花草说

复古南洋风遇到时髦花艺精

美丽卖花公司首家门店位于南京最繁华的市中心新街口，大洋百货1F，临街而立，毗邻星巴克。初次见面，你会被她独一无二的形象气质迷住。一点点小时髦、一点点轻复古，仿佛突然闯进一段南洋旧时光。说不定会勾起你一些躲在记忆深处的关于"旧时"，关于"花样年华"的朦胧迷醉的回忆，以及一些久违的自然而然的快乐。也许是张爱玲小说中那种关于美的伶俐不羁的描述；也许是曾在哪儿见过的旧时南洋风画报上仿佛置了一层时光滤镜的绚烂色彩；也许是物质没有这么发达，物欲没有这么横流的"小时候"，杂货店里的新鲜简单小物件带来的最单纯的快乐。

复古的店铺外墙，大面积的墨绿色磨砂质地，门口两个典型的欧亚风格混杂的南洋风立柱，一下子就把行人的目光牵引并留住。撞色红色圆形灯箱，又像是香港老街上的老字号商埠。

每一寸都仿佛是从王家卫式的影视语言中走出来的时光印记。

门头将"美丽卖花公司"6个字进行了倒写，乍一看好像是"司公花卖麗美"。倒写的句式，与店铺复古的主题风

格两相呼应。主理人大C打趣地介绍说："这算是弄拙成巧吧。当初我们的品牌名'美丽卖花公司'因为含'公司'两个字眼，在商标审核环节不符合商标法规定。当时情急之下，我们就想那就干脆倒过来写吧，变成'司公花卖麗美'。现在看来，好像这样效果更好，倒也挺符合美丽骨子里的气质。"因为这个门头，很多美丽的顾客，会直接称呼美丽的另一个昵称——司公花。倒也是趣味盎然。

步入店内，同样是满满的南洋情调。大面积墨绿与红色的撞色，墙壁、地面，饰以复古的瓷砖。繁体字式样，大大的红底黑字的"收银"二字……一个转眼，便落入眼帘的生动细节。虽说是复古风，但店里又不乏小时髦的气质。撞色处理，高级质感的装修用料，再加上店内各种平时很难看到的"珍稀"花材。说是"旧"，一切又都传达着"新鲜"的快乐氧气。也许这就是美丽想带给大家的鲜花的力量。

地球一小时 美丽与公益

美丽创立之时，就把公益列为企业发展的愿景之一。能够尽到自己的一份力量，推进社会公益事业的发展，本身就是一件"美丽"的事。2019年3月30日，美丽卖花公司三城三店，响应地球一小时活动，在当天晚上20:30-21:30，熄灯一小时，店内改以维持照明的蜡烛。

现代化的灯光熄灭了，烛光被点亮，带动店里客人的心情，也一同沉静下来。店内花儿，在烛光映衬下，也多了一丝温柔浪漫。她们都似在默默给着地球祝福。扔掉一小时的焦躁，扔掉一小时的自以为是。在美丽，找到纯净、简单的浪漫。

为了更大力度更有影响力地宣传地球一小时活动，美丽创始人兼主理人大C，和Starbucks星巴克合作，在南京IST艾尚天地星巴克店内进行了一场"花咖小课堂"活动。大C现场和顾客互动，教大家如何变废为宝，将原本可能会被丢弃的物件，变成花艺的器皿，比如喝完咖啡剩下的杯子。

地球一小时，熄灯，只是一个带着小小仪式感的引子。引出我们对地球的关注，对日益严重的环境问题的重视，对自身生活方式的审视。美丽很开心能够通过这个活动，尽到自己的一份力量。

有些快乐 不贵

说起店铺的品牌定位，大C有自己坚持的理念。"我想带给大家的这家花店，不是束之高阁的被包裹上昂贵包装

的，而是能走进普通人日常生活中的，就像街边小店的一杯咖啡或奶茶一样，在大家通勤路上、逛街的时候，都能随手带一把鲜花。就是这样自然而然的，融进生活方式中。"就像美丽的slogan所传达的那样——有些快乐，不贵。

VISIT 美麗南京店
南京市中山南路 122 号新街口大洋百货 1F
18914465153

VISIT 美麗福州店
福州东二环泰禾广场 9 号楼 105
15980617014

VISIT 美麗杭州店
杭州市下城区武林路 241 号
15355473008

LIFE NEEDS RITUALS
Life needs flower | 丸木制茶

茶+花
花艺店铺与茶饮的完美结合

开花店一定要卖花吗？不见得，丸木将卖花茶这件事情做到了极致，不但吸引到了很多优质的客户，还让自己的店铺变得有格调，有体验感。利用花茶的优势，开拓了花店的运营范围，让花店在卖花的同时，又给客人更多新的产品体验，花茶利润比花要高，损耗比鲜花更小，所以是鲜花最好的结合。丸木制茶，有空记得关注一下！

集合形式

在原有花艺店铺升级，结合茶饮的部分，相互吻合的客群，增加自己的竞争力和客户的体验感。

运营方向

把美好的生活带到客户的身边，无论是花还是茶都会让客户认为这是一家非常有品位的店铺，通过花和茶的互相引流，提升花店的进店率，买花的同时可以喝一杯茶，来喝茶的时候也可以把一份美好的花带回家。

落地

单纯花艺店铺的竞争越来越强，每个花店的技能也都在不断地提升，大家都在不停的充电，那么我们的店铺和别人有何不同？

将中国博大精深的茶文化融入到花艺店铺中，不会像街头巷尾遍地开花的奶茶店一般庸俗，似乎真的有那么一点不一样。不管是中式茶道，还是新派茶饮，都可以与众不同。

除了鲜花、茶饮，还会有生活周

边的产品融入到店铺中,如:茶器、生活手账、帆布袋,一切自然、美好的延伸,都在这里进行了体现。

营销案例

外卖平台进行小花束的营销,将茶饮客户倒流至实体店铺购买鲜花,增加花艺部分的影响和宣传。

除此之外还会在平台每一杯消费的饮品中放入店内短枝或者多枝用不到的小花增加客户的体验感,会提醒每一位客户,这家花店的与众不同。

在花艺大节来临的时候,往往捆绑式销售会成为爆单利器。鲜花优雅美观,茶饮暖人心脾,两者的完美结合给客户提供了更多的选择性。花与茶的套餐组合,更容易成为销量王牌,提升单支花束的捆绑客单价。

花艺,是一个指定性消费感较强的行业,而茶饮,是一个随机性消费行业。似乎和三两好友约个下午茶已经成了常事,那么如果这个店铺中还有非常美好的花艺,相信没有什么会比这个更快乐了。

白茶清欢无别事,我在等风也等你。

VISIT 丸木制茶

山东省济宁市微山县奎文路微园巷丸木小茶园

15898600165

可利鲜在花店的使用步骤

Step.1 到店回水

鲜花到店后，第一时间进行快速有效的回水

可利鲜专业1号

1升装单瓶 花店专用

浓度：1毫升/升水

功效：强效吸水，使鲜花保持新鲜

Step.2 店内养护

鲜花上瓶陈列，提供充足养分

可利鲜专业3号

2公斤桶装 花店专用

浓度：一平勺10克/升水

功效：延长瓶插期1倍以上，不用换水，节省劳力

Step.3 成品花束

花盒、花束、新娘捧花、绣球的保水、保鲜

可利鲜锁水剂

500毫升装水剂，5升桶装
直接喷施到鲜花表面

功效：鲜花保水、保鲜，锁住花瓣的水分

Step.4 家庭用花

家庭客户需按正确的使用流程进行养护

可利鲜清亮小袋

5克装小袋，200袋/盒
独立包装，8包X24组/盒

浓度：5克/500毫升水

功效：助小花苞长大，花期延长1倍，水质清澈不臭，不用换水

CHRYSAL 荷兰可利鲜

鲜花保鲜 始于 1949
让鲜花更娇艳更持久！

欢迎光临花园时光系列书店

    ......

中国林业出版社天猫旗舰店　　　花园时光微店

扫描二维码了解更多花园时光系列图书

购书电话：010-83143571